Hans Jellouschek · Märchenhaft lieben

Hans Jellouschek

Märchenhaft lieben

Kreuz

Inhalt

Hänsel und Gretel

Wie Paare sich miteinander von einer schlimmen Vergangenheit befreien können

Die Partner – beide noch recht jung oder jedenfalls so wirkend – sind wie zwei Kinder, die sich verirrt haben. Sie kommen mit vielem im täglichen Leben nicht zurecht, sind ziemlich frustriert und machen sich dies noch zusätzlich gegenseitig zum Vorwurf. Er hat das Gefühl, im Käfig zu sitzen, und sie, Frondienste leisten zu müssen. Wie sie sich aus diesem schlimmen Muster lösen und zu einem guten Zusammenspiel kommen können, das lässt sich an ihrem »Zwillingspaar« Hänsel und Gretel lernen.

Von Zeit zu Zeit bin ich in meiner Arbeit als Paartherapeut Paaren begegnet, die sich in meiner Erinnerung als Hänsel-und-Gretel-Paare festgesetzt haben. Diese Paare sind oft noch sehr jung oder wirken jedenfalls jünger als sie sind. Sie kommen mir vor wie zwei Kinder, die sich unter schwierigen Umständen zusammengetan haben und von zu Hause weggelaufen sind. Nun irren sie, einander an den Händen haltend, durch den dunklen Wald dieser Welt und verirren sich dabei immer heilloser. Ich habe über diese »Hänsel und Gretel-Diagnose« zunächst nicht weiter nachgedacht, aber eines Tages interessierte es mich doch, ob mir das Märchen weiteren Aufschluss über solche Paare geben könnte. Ich hatte es nur noch sehr vage im Gedächtnis und habe es darum bei den Brüdern Grimm noch einmal nachgelesen. Und siehe da – wenn ich dieses typische Kindermärchen als Beziehungsmärchen lese, zeigt es mir tatsächlich viele interessante und erhellende Aspekte zum Verständnis solcher Paarbeziehungen. Märchenforscher werden eine solche Interpretation wahrscheinlich sehr unangemessen finden, handelt es sich doch bei Hänsel und Gretel um ein Geschwisterpaar im Kindesalter, nicht um ein erwachsenes Paar. Ich bin mir der Problematik meiner Sichtweise wohl bewusst. Aber da ich beim Schauen durch meine

»Paar-Brille« so viele interessante Dinge entdeckt habe, möchte ich meine Leser und Leserinnen doch gerne daran teilhaben lassen. Den meisten wird das Märchen zwar bekannt sein, aber wie es genau verläuft, wissen sie so wie ich wahrscheinlich nicht mehr. Darum möchte ich Sie einladen, bei den Brüdern Grimm noch einmal nachzulesen, oder noch besser: das Märchen dem Partner, der Partnerin an einem Abend vorzulesen. Diese Einladung, den ursprünglichen Quellentext nach- oder sich gegenseitig vorzulesen, gilt auch für die beiden weiteren Geschichten, die ich in diesem Buch interpretieren werde. Für diejenigen, denen das nicht möglich ist, soll hier wie auch in den folgenden Kapiteln eine kurze Inhaltsangabe folgen.

Nacherzählung von »Hänsel und Gretel«

Vor einem großen Walde wohnte ein armer Holzhacker mit seiner Frau und seinen zwei Kindern. Als eine große Teuerung ins Land kam und nichts mehr zu Essen da war, drängte die Frau ihren Mann, die Kinder im Wald auszusetzen. Schweren Herzens gab der Mann schließlich nach. Die Kinder hatten das Gespräch mitangehört. Gretel weinte vor Angst, aber Hänsel dachte sich eine

List aus: Noch in der Nacht sammelte er in seine Taschen weiße Kieselsteine und als die Alten sie am nächsten Morgen in den Wald führten, ließ er Stein um Stein fallen, während Gretel die zwei Brotstücke trug, die die Stiefmutter ihnen mitgegeben hatte. Stiefmutter und Vater warteten, bis Hänsel und Gretel im tiefen Wald am Feuer eingeschlafen waren, und gingen, die Kinder zurücklassend, nach Hause. In der Nacht wachten Hänsel und Gretel auf und da die Kieselsteine hell im Mondschein schimmerten, fanden sie leicht den Weg zurück. Bald darauf, als die Not wieder groß war, sollten die Kinder wieder ausgesetzt werden und hörten es. Diesmal war aber die Tür verschlossen, sodass Hänsel keine Steine sammeln konnte. Er streute statt dessen Brotkrumen hinter sich, doch die Vögel fraßen sie und die Kinder fanden in der Nacht nicht mehr heim. Sie liefen immer tiefer in den Wald hinein und fanden nur wilde Beeren, um ihren Hunger zu stillen. Am dritten Morgen standen sie mitten im Wald plötzlich vor einem Häuschen, das aus Brot gebaut und mit Kuchen gedeckt war. Die Fenster waren von hellem Zucker. Die halb verhungerten Kinder kosteten erst zögernd, begannen dann aber bald genussvoll davon zu essen. Eine steinalte Frau, die herausgeschlichen kam, erschreckte die beiden zuerst, aber als sie ihnen Milch und Pfann-

kuchen mit Zucker, Äpfeln und Nüssen reichte, fassten sie Vertrauen und schliefen in frisch bezogenen Betten erleichtert ein. Am nächsten Tag stellte sich jedoch heraus, dass die Alte in Wirklichkeit eine Hexe war. Hänsel hatte sie in der Nacht in einen Käfig gesperrt, um ihn zu mästen, und Gretel musste bei karger Kost hart arbeiten. Jeden Morgen wollte die Hexe, die enorm kurzsichtig war, Hänsels Finger fühlen, ob er schon dick genug sei. Wieder half ihm eine List, er streckte ihr ein Knöchlein hinaus. Nach vier Wochen wurde es der Hexe zu bunt und sie beschloss, den Hänsel – in welchem Zustand auch immer – zu fressen. Gretel musste den Ofen anfeuern und sollte dann hineinkriechen, um zu kontrollieren, ob er schon heiß genug war. Gretel ahnte, dass es die Hexe auch auf ihr Leben abgesehen hatte, und brachte die Alte dazu, selbst hineinzukriechen. »Da gab ihr Gretel einen Stoß, dass sie weit hineinfuhr, machte die eiserne Tür zu und schob den Riegel vor.« Die Hexe heulte jämmerlich und verbrannte. Sofort befreite Gretel ihren Bruder. Glücklich fielen sich die Geschwister um den Hals, fanden im Haus viel Gold, Perlen und Edelsteine und machten sich dann reich beladen auf den Heimweg. Dieser führte sie zu einem großen Wasser ohne Steg und Brücke. Gretel bat eine weiße Ente, sie hinüberzubringen. Die

Ente tat ihnen den Gefallen. Hänsel hätte am liebsten gehabt, dass sie sich zu zweit auf die Ente setzten, doch Gretel mochte das Tier nicht zu sehr belasten und schickte Hänsel allein voraus. Als sie beide glücklich drüben waren, dauerte es nicht mehr lange und sie erreichten des Vaters Haus. Er war überglücklich, seine Kinder wieder zu haben. Die Stiefmutter war inzwischen gestorben. »Da hatten alle Sorgen ein Ende, und sie lebten in lauter Freude zusammen.«

Mir scheint das Märchen – als Beziehungsgeschichte gelesen – Antworten vor allem auf zwei Fragen zu geben, nämlich erstens: Wie lässt sich bei den Hänsel-und-Gretel-Paaren die Krise verstehen, in der sie stecken, und wie sind sie da hineingeraten? Und zweitens: Was sind hilfreiche Strategien und Verhaltensweisen, um diese Krise zu bewältigen? Es fällt ja auf, dass Hänsel und Gretel der Wirklichkeit sehr klar und realistisch ins Auge sehen und mit ihrer Krise sehr initiativ und kreativ umgehen, etwas, das bei den entsprechenden Paaren oft ganz anders ist und was sie von ihren märchenhaften Urbildern lernen könnten. Ich will die Antwort, die mir das Märchens auf die beiden Fragen zu geben scheint, in drei Schritten entfalten.

Die Familien-Situation

Hänsel-und-Gretel-Paare haben sich oft deshalb schon in jungen, manchmal sehr jungen Jahren zusammengetan, weil sie es zu Hause in ihren Herkunftsfamilien nicht mehr ausgehalten haben. Das Märchen schildert die Familie in einer akuten Notsituation: Es ist zu wenig Nahrung da. Wir können in dieser äußeren Notsituation die innere Not symbolisiert sehen, in der sich die Familien von Hänsel-und-Gretel-Paaren oft befinden. Das würde bedeuten: Hier herrscht Mangel an seelischer und emotionaler Nahrung. Die Kinder haben in dieser Familie deshalb keinen sicheren Platz. Die Eltern sind bereit, sie zu opfern, um selber zu überleben. Das ist in der Krassheit der Märchendarstellung auf die Realität der meisten Hänsel-und-Gretel-Paare nicht direkt übertragbar.

Aber täuschen wir uns nicht: Seelisch gesehen und was die Beziehungsqualität zwischen Eltern und Kindern angeht, ereignete und ereignet es sich häufiger, als wir es für möglich halten. Die eigene seelische Not und Bedürftigkeit macht die Eltern unfähig, die Not und Bedürftigkeit der Kinder zu sehen und angemessen darauf zu reagieren. Das geschieht auch in wohlhabenden, gebildeten und gut situierten Familien jeden Tag.

Vielleicht waren die Eltern so mit äußeren Dingen beschäftigt, mit Beruf, Hausbau, Geldverdienen, dass sie auch innerlich davon aufgefressen wurden und nichts mehr an emotionaler Wärme für die Kinder übrig blieb. Vielleicht hatten sie selber mit Depressionen oder Minderwertigkeitsgefühlen zu kämpfen, waren vielleicht mit ihrer Paarbeziehung oder ihrer ganzen Lebenssituation so unzufrieden, dass ihnen das die Kraft raubte, den Kindern Geborgenheit und Sicherheit zu vermitteln. Vielleicht waren sie so sehr mit »ihrem eigenen Kram« beschäftigt, dass sie nicht in der Lage waren, den Kindern angemessene Resonanz zu geben, und diese Resonanz, dieses wirklich auf die Kinder Eingehen und auf sie Reagieren wäre die wichtigste Nahrung gewesen, die sie gebraucht hätten, und daran herrschte in den Familien von Hänsel-und-Gretel-Paaren häufig akuter Mangel. So grausam es klingt, aber es passierte und passiert immer wieder, dass Eltern auf diese Weise ihre Kinder seelisch aussetzen, wie es von Hänsel und Gretel auch drastisch-äußerlich dargestellt wird.

Dabei wird, wie das häufig im Märchen geschieht, der Frau eine ganz und gar böse Rolle zugeschoben, während das Märchen mit dem Mann sehr barmherzig umgeht und ihn recht gut wegkommen lässt. Wenn man aber genau hinsieht, dann lässt sich diese einseitige Sichtweise nicht einmal nach dem, was das Märchen ausdrücklich berichtet, aufrecht erhalten. Denn wie passiv verhält sich dieser Vater! Immer wieder gibt er wider besseres Wissen und Gewissen dem Drängen der Frau nach. Man kann sich lebhaft vorstellen, wie wenig er ihr ein wirkliches Gegenüber ist, an dem sie Halt hat, und wie wenig er seinen Platz an ihrer Seite wirklich behauptet! Kein Wunder, wenn sie das Gefühl bekommt, mit den Kindern ums Überleben konkurrieren zu müssen, und vielleicht aus Frustration darüber zu dieser »bösen« Stiefmutter wird.

Hänsel-und-Gretel-Paare kommen meist aus Familien, in denen es seelisch nicht auszuhalten war, weil die Eltern so mit ihren eigenen Problemen beschäftigt waren. Darum passiert es häufig, dass sie zu früh von zu Hause weggehen, nämlich bevor sie sich schon wirklich innerlich abgelöst haben: weil sie sich ausgestoßen fühlen, weil ihnen seelisch die Nahrung fehlt. So sind sie – auch wenn sie in der Realität natürlich aus verschiedenen Familien kommen – gleichsam Geschwister in dem, was jeder zu Hause erlebt hat. Das verbindet die beiden tief miteinander, und darum ist es am Anfang meist auch eine sehr große und rührend innige Liebe, die sie miteinander erleben. Das gemeinsame Bündnis gibt ihnen die Hoffnung, jetzt zu finden, was sie zu Hause so bitter vermisst haben. Dieser Zusammenhang ist ihnen freilich meist nicht bewusst, sie erleben einfach etwas so Schönes miteinander, das sie bis jetzt noch nie erlebt haben, und darum meinen sie selig, die große Liebe gefunden zu haben, und tun sich für ihr weiteres Leben zusammen.

Die Krise

Im Märchen bewährt sich dieses Bündnis zunächst sehr. Die erste Attacke überstehen Hänsel und Gretel bravourös, weil sie zusammenhalten, weil sie sich nicht als passive Opfer verhalten, sondern mit Schlauheit und Kreativität ihrem Schicksal begegnen. Dadurch, dass Hänsel Kieselsteine sammelt und sie als Markierung auf dem Weg ausstreut, während Gretel ihm kooperativ assistiert, finden sie wieder zurück. Das heißt aber freilich auch: Beide landen dadurch wieder zu Hause. Bedeutet das: Sie widerstehen zwar, aber sie bleiben dabei trotzdem noch in der Kindposition? Bedeutet das: Die Eltern bleiben die Mächtigen, denen sie sich nach wie vor ausgeliefert fühlen? Auf die Realität übertragen, könnte es sich um einen Ablöseversuch handeln, der noch nicht wirklich gelingt. Das ist bei Hänsel-

und-Gretel-Paaren nicht selten so: Sie halten zwar zusammen, inszenieren zum Beispiel einen Riesen-Krach mit den Eltern oder Schwiegereltern, aber man spürt deutlich: Das bringt es noch nicht. Sie bleiben gebunden, sozusagen negativ gebunden im »Gegen«, sie unterstützen zwar einander und wehren sich miteinander, aber bleiben im gemeinsamen »Gegen« eben doch noch kindlich auf die Eltern fixiert. Diese Auseinandersetzung, so erfolgreich sie äußerlich zu verlaufen scheint, bringt also noch keine Lösung. Ein untrügliches Zeichen, dass die Lösung noch nicht erreicht ist, besteht darin, dass sich das Ganze wiederholt. Hänsel und Gretel müssen zuerst in ihre eigene große Krise kommen, damit die Entwicklung für sie konstruktiv weitergehen kann.

Diese eigentliche Krise ereignet sich beim zweiten Mal. Irgendetwas passiert, dass es kein Zurück mehr gibt. Im Märchen hat die Stiefmutter die Tür zugesperrt, sodass Hänsel nicht mehr an die rettenden Kiesel kommt. Die Tür zu den rettenden Tricks ist zu, die Brotkrumen, die sie an ihrer Stelle verwenden, werden von Vögeln aufgepickt, sodass sie nicht mehr zurückfinden. Nun landen Hänsel und Gretel nicht mehr zu Hause, sie müssen allein in den Wald hinaus. Aber das allein bringt auch noch nicht die Lösung. Zunächst wird es nun erst recht kritisch. Die beiden verlaufen sich und fühlen sich vollends wie verlorene Kinder, die nicht mehr aus noch ein wissen. Genauso geht es Hänsel-und-Gretel-Paaren: Irgendwann ist die Opposition gegen Eltern und Schwiegereltern erschöpft, die Eltern sind vielleicht weit weg, oder sie sind alt und sanft geworden, oder sie sind gar schon gestorben. Hänsel und Gretel sind jetzt allein auf der Welt und darauf angewiesen, miteinander und ohne Dritte, auf die sie etwas abschieben könnten, klarzukommen. Und da verirren sie sich hoffnungslos im Wald.

Den Wald können wir als ein Symbol für das Unbewusste sehen, das Unbewusste ihrer eigenen Seelen, mit dem sie es nun zu tun bekommen. Das Unbewusste ist jener Bereich unserer Seele, der unter unserem Tagesbewusstsein im Dunkeln liegt, es ist der Bereich unserer seelischen Kräfte, die wir noch nicht oder nicht mehr kennen, und es ist der Bereich, in dem frühere Erlebnisse und Erfahrungen aufbewahrt sind, auch die »unerledigten Angelegenheiten«, die wir verdrängt haben, weil wir sie nicht anders bewältigen konnten. Dieser Wald des Unbewussten gehört zu unserer Person. Wir müssen in sein Dunkel eintauchen, damit wir zu unserer eigenen Identität finden. Im Wald finden wir also einerseits wie Hänsel und Gretel in den Beeren Nahrung zur eigenen Selbstwerdung, und im Wald begegnen uns andererseits die wilden Tiere und die Hexe, das Bedrohliche also, mit dem wir uns ebenfalls auseinandersetzen müssen, um wir selber zu werden. Das steht bei Hänsel und Gretel zunächst im Vordergrund. Jetzt, wo sie von den Eltern weg sind, taucht das Bedrohliche, Gefährdende aus ihrer eigenen Seele auf. Im Märchen stellt es sich dar als Knusperhäuschen, in dem eine Hexe wohnt.

Doch das Knusperhäuschen ist zunächst ja gar nicht bedrohlich. Es ist ein richtiges kleines Schlaraffenland. Man kann die Fensterscheiben wie Zuckerguss schlecken und die Dachziegel wie Lebkuchen verspeisen. Und die Hexe passt zunächst zu diesem Bild, denn sie ist freundlich und fürsorglich, sie trägt gutes Essen auf, Milch und Pfannkuchen mit Zucker, Äpfeln und Nüssen, und sie lässt sie in kuscheligen frisch bezogenen Betten schlafen. Johannes Schaaf hat diese Hexe in seiner Stuttgarter Inszenierung der Hänsel-und-Gretel-Oper von E. Humperdingk sogar als vitale und verführerisch schöne Frau auftreten lassen. Hänsel und Gretel scheinen ins Paradies, in den Himmel, zur guten Mutter schlechthin geraten zu sein. Freilich ist das, wie wir wissen, eine Falle, die sehr bald zuschnappt.

Könnte das – psychologisch gedeutet – heißen: Nun, da die erste Verliebtheit vorüber ist, die äußeren Kämpfe mit den Eltern und Schwiegereltern ausgefochten sind, da sie vielleicht ihr Häuschen oder die eigene Wohnung bezogen haben, jetzt holt sie die unbewältigte Vergangenheit ihrer Kindheit ein und schlägt sie in ihren Bann? Und zwar typischerweise in einer ganz bestimmten Form: nämlich als Hoffnung und Erwartung, dass die Versorgungsansprüche, die in der Kindheit von den Eltern nicht erfüllt wurden, jetzt in der Paarbeziehung durch den Partner erfüllt werden? Der Partner, die Partnerin als reichlich spendende paradiesische Liebes-Quelle, die alles bisher Vermisste ersetzt? Mit dieser Hoffnung und Erwartung aneinander aber geraten beide, Hänsel und Gretel, in den Bann der bösen Hexe, oder mit C. G. Jung ausgedrückt: Der unbewältigte negative Mutterkomplex taucht auf und beginnt ihr Leben und ihr Zusammenleben zu dominieren.

Auch hier ist, wie bei der bösen Stiefmutter, in Gestalt der Hexe wieder nur vom negativ weiblichen beziehungsweise negativ mütterlichen Aspekt die Rede, den in solchen Fällen fast immer auch vorhandenen unverarbeiteten väterlich-männlichen Anteil verschweigt das Märchen wiederum. Wir müssen ihn hier aber wieder mitdenken und sagen: In der Gestalt der Hexe taucht das unbewältigte Drama ihrer Herkunftsgeschichte, die unbewältigte Beziehungsgeschichte mit ihren Eltern wieder auf und kommt zur Wirkung.

Denn mit Milch, Pfannkuchen und den weichen Betten ist es bald vorbei. Die Ideal-Erwartungen erfüllen sich nicht, die Wünsche und Sehnsüchte nach dem Beziehungs-Schlaraffenland werden enttäuscht. Das Bild kippt: Aus dem Knusperhäuschen wird ein Gefängnis und aus der liebevoll fürsorglichen, vielleicht – in der Sicht des Opernregisseurs – sogar wunderschönen und verführerischen Frau wird eine dominierende, gierige, hässliche und ausbeuterische Hexe. Hänsel wird in den Käfig gesperrt und sieht seiner Schlachtung entgegen und Gretel muss schuften und arbeiten, ohne das Nötigste fürs Überleben zu bekommen.

Im Märchen ist es für beide klar: Es ist die Hexe, die uns das eingebrockt hat. Im wirklichen Leben bleibt die Hexe, die zwischen den beiden steht, meist unsichtbar. Das heißt, beide fangen an, sich selbst das Leben gegenseitig schwer zu machen und sich für ihre enttäuschten Hoffnungen die Schuld zu geben. Der Hänsel im realen Leben erlebt seine Ehe mehr und mehr als das Gefängnis, in das er geraten ist. Seine Gretel kann ihm nicht die Wünsche erfüllen, die er zu Recht an seine Eltern hatte und jetzt auf sie zu richten beginnt. Darum erlebt er seine Gretel mehr und mehr wie im Märchen, in dem sie schuften muss, »im Dienst der Hexe«. Sie beginnt in seinen Augen immer mehr der Stiefmutter zu gleichen, die zwar äußerlich eine Menge für ihn getan hat, aber eben nicht zu seinem Besten, sondern im eigenen Interesse, um ihn sozusagen selber zu verspeisen, das heißt ihre eigene Bedürftigkeit durch ihn zu nähren.

Die Gretel im realen Leben wiederum erlebt diese seine Ansprüchlichkeit und plagt sich ihrerseits vielleicht für ihn ab, erlebt aber, dass er – gleichsam wie hinter Gitterstäben – immer weniger für sie erreichbar wird. Sie spürt, dass sie ihm nicht gerecht wird, sie spürt, dass sie überfordert ist, ihn aus seinem Gefängnis herauszuholen. Ja sie macht die Erfahrung, die bei vielen jungen Frauen das Selbstwertgefühl untergräbt: dass sie nämlich bei allem Bemühen mit ihrem Verhalten offensichtlich zum Wachsen seines Unglücks sogar noch beiträgt. Aber sie weiß keinen Ausweg und wird schließlich selbst immer unzufriedener und aggressiver und verwandelt sich so sehenden Auges mit einer gewissen Unausweichlichkeit tatsächlich immer mehr in die Hexe, die ihr ihr Mann zum Vorwurf macht: Sie wird ihrerseits bitter, böse und enttäuscht. So geht das Märchen im realen Leben meist weiter, was dann darauf hinausläuft, dass sich Hänsel-und-Gretel-Paare jahrelang mit ihrer Beziehung quälen, enttäuscht und wütend sind, aber doch nicht voneinander lassen können, weil sie andererseits spüren, dass sie sich irgendwo doch tief verstehen und brauchen und sich wie Geschwister eigentlich sehr nahe sind. Aber diese Nähe kommt immer weniger zum Tragen und gibt neuer Enttäuschung und neuer Wut nur weitere Nahrung.

Solche Paare nenne ich »Hänsel-und-Gretel-Paare«: Sie haben sich aus der beglückenden Erfahrung ihrer Liebe heraus von dieser Liebe die Befreiung aus einem belastenden Elternhaus erhofft. Ihre Liebe ist zunächst deshalb so beglückend, weil sie aus einer ähnlichen Erfahrung heraus mit dem andern eine Vertrautheit erleben, als ob sie Geschwister wären. Es ist wie wenn sie sich schon unendlich lange kennen würden. So tun sie sich, oft schon in sehr jungen Jahren, als Paar zusammen. Damit aber werden sie gleichsam zu früh erwachsen, sie überspringen die eigene Adoleszenz- und Ablösungsphase. Das heißt, sie bleiben ganz gegen ihr bewusstes Wollen innerlich an ihre Eltern gebunden. Denn nicht, wenn man zu viel, sondern wenn man wenig oder gar keine Liebe und echte Fürsorge von den Eltern erfahren hat, wird die Ablösung zum Problem. Unerfüllte Wünsche und Sehnsüchte binden viel mehr aneinander als alles andere, weil man dann innerlich immer noch die Hände nach dem, der sie erfüllen könnte, ausstreckt. Das bleibt zunächst im Verborgenen. Im Schwung der ersten Liebe zum Partner und im Bündnis gegen den gemeinsamen Feind, die Eltern, meistert man die ersten Schwierigkeiten wie Hänsel und Gretel mit Bravour. Wenn beide dann aber eine eigene Existenz gegründet haben, wenn die Belastungen durch Beruf und finanzielle Sorgen auftauchen, vor allem, wenn sie durch eigene Kinder selber in die Elternrolle einrücken, dann wird die Unabgelöstheit von den eigenen Eltern deutlich. Wie im Wald verirrte Kinder fühlen die beiden sich dann: verlassen, überfordert, verwirrt. Ohne es zu merken, richten sie ihre unerfüllten Wünsche nach dem Schlaraffen-Knusper-Häuschen, nach großzügiger elterlicher Liebe und Versorgung aneinander und überfordern sich damit heillos. Beide wünschen sich, vom anderen bemuttert und bevatert zu werden, und beide sind enttäuscht voneinander, weil sie es nicht schaffen. Diese Enttäuschung ist dann oft genauso groß wie am Anfang die Hoffnung war. So werden sie immer böser aufeinander und geraten nur immer tiefer in den Wald und in die Fänge der bösen Hexe, ausgeliefert dem unbewussten Zusammenspiel ihrer frühen Beziehungserfahrungen, obwohl es doch ursprünglich ihre Hoffnung war, sich miteinander gerade daraus zu befreien.

Die Lösung

Im Märchen verläuft es allerdings anders. Im Märchen geht es – wie könnte es anders sein – gut aus. Aber im Unterschied zu vielen anderen Märchen ist es nicht eine Wendung zum Guten durch wunderhafte und magische Kräfte. Hänsel und Gretel befreien sich aus eigener Kraft. Vielleicht gerade aus diesem Grund kann das Märchen auch in diesem Teil, wo die Wendung zum Positiven erfolgt, ganz konkret hilfreich sein. Wie geht es also im Märchen zu, dass Hänsel und Gretel sich nicht in den beschriebenen Teufelskreis verwickeln, sondern aus der Krise gestärkt und gereift hervorgehen und dass sie die Krise nicht endgültig entzweit, sondern neu und tiefer zusammenführt?

Das Erste ist: Hänsel und Gretel erscheinen im Märchen von Anfang an übermächtig bedroht von den Eltern, von den wilden Tieren im Wald, von der bösartigen Hexe. Dennoch erleben und verhalten sie sich, obwohl sie allen Grund dazu hätten, in keiner Phase als bloße Opfer. Hänsel-und-Gretel-Paare neigen meiner Erfahrung nach dazu, sich als Opfer zu definieren: als Opfer ihrer Eltern, als Opfer von Vermieter oder Arbeitgeber, als Opfer ihrer anstrengenden Kinder, und der eine erlebt sich dazu noch als Opfer des anderen. Damit aber geben sie den anderen Macht über sich, sie lähmen ihre Kräfte und verstricken sich immer mehr ins Unglück. Hänsel und Gretel im Märchen dagegen nehmen ihr Schicksal von Anfang bis Ende selber in die Hand und begegnen ihm mit Aktivität und Kreativität: Hänsel sammelt Kiesel, um eine Spur zu legen, beim zweiten Mal streut er Brotbröckchen, weil die Tür zu den Kieseln versperrt ist. Das bringt zwar nichts, aber er versucht es wenigstens. Beide sammeln Nahrung im Wald und fangen, sobald das Knusperhäuschen auftaucht, sofort miteinander an, dieses abzuräumen. Selbst im Käfig hat Hänsel noch einen Einfall, wie er die Hexe hinhalten kann, indem er ihr statt des Fingers das Knöchelchen hinstreckt. Und auch Gretel lässt sich eine List einfallen, bringt die Hexe dazu, selbst im Ofen nachzuschauen und stößt sie im rechten Moment hinein. Obwohl sie schlimme Misserfolge einstecken müssen – sie finden nicht mehr zurück, sie geraten in die Fänge der Hexe, in Frondienst, Gefangenschaft und tödliche Bedrohung – lassen sie sich nicht davon abbringen, immer wieder neue Einfälle zu produzieren und neue Initiativen zu setzen – und das lohnt sich, denn dadurch bewältigen sie schließlich doch die Krise. Die Botschaft des Märchens ist hier eindeutig: Die Bedrohung kann noch so groß, das Schicksal noch so hart sein, die eigenen Eltern mögen noch so versagt und dir ins Leben gepfuscht haben, es gibt eine Lösung, wenn du dich nicht selbst aufgibst und zum Opfer machst. Du kannst etwas tun, und es wird zum Erfolg führen, wenn du trotz Rückschlägen dranbleibst und nicht resigniersts.

Zweitens fällt auf, dass Hänsel und Gretel im Märchen die Bedrohung wirklich wahrnehmen. Sie haben natürlich hier gar keine Möglichkeit, sich darüber hinwegzutäuschen oder sich etwas vorzumachen, denn die Hexe, der Käfig und das prasselnde Feuer sind harte Realität. Anders ist es oft bei den Hänsel-und-Gretel-Paaren. Sie haben die Tendenz, die wahren Ursachen ihrer Misere zu verleugnen. Sie verleugnen vor allem, dass sie ihre Eltern, auch wenn sie sich äußerlich von ihnen noch so hart abgegrenzt oder sogar mit ihnen gebrochen haben, trotz alledem auch noch in sich selber tragen, in der eigenen Seele, und dass diese »internalisierten«, nach innen genommenen Eltern nun als Hexe, als die eigentliche

Bedrohung ihres Glücks, aus ihren eigenen Seelen auftauchen – ihre Gedanken, ihre Gefühle und ihr Handeln bestimmend. Insofern verleugnen Hänsel-und-Gretel-Paare sehr oft, dass die Hexe zwischen ihnen steht und ihre Beziehungsmuster bestimmt, und sie beschuldigen sich gegenseitig hexenhafter Böswilligkeit als der Ursache allen Übels. So aber wird das Problem nur verschoben und damit unlösbar.

Weiter: Weil Hänsel und Gretel im Märchen diese Bedrohung wahrnehmen und sich nicht darüber hinwegtäuschen, tun sie das gerade nicht: Sie schieben sich nicht gegenseitig die Schuld in die Schuhe. Hänsel macht nicht Gretel für seinen Käfig verantwortlich und Gretel nicht Hänsel für ihre tägliche Mühe und Plage. Beide setzen sich selber mit den wahren Ursachen ihres Kerkers und ihrer Plage auseinander: nämlich mit der Hexe. Hänsel führt sie mit seinem Knöchelchen in die Irre und Gretel schubst sie schließlich eigenhändig in den Backofen. Jeder tut also das Seine. Jeder von beiden setzt sich, statt den anderen als Ursache seines Unglücks zu beschuldigen, sozusagen mit seiner eigenen Hexe auseinander. Das heißt, jeder von beiden kümmert sich selber um das, was er Unerledigtes aus seiner Herkunftsfamilie mitbringt, um seine unerfüllten Wünsche und Sehnsüchte, um seine

Abhängigkeiten, Abneigungen und Ambivalenzen. Dadurch retten die beiden sich selber – und diese Selbstrettung ist der entscheidende Beitrag, auch die gemeinsame Misere zu überwinden.

Auf dieser Basis dann, dass jeder seine eigenen Probleme, die er aus seiner Familie mitbringt, sieht und sich darum kümmert, auf dieser Basis können die beiden dann auch wirksam einander helfen. Partner können sich gegenseitig nicht erlösen. Sie können es nicht für den anderen machen. Sie können nicht das aneinander gut machen, was in ihren Herkunfts-Familien schief gelaufen ist. Dafür muss wirklich jeder selber sorgen. Aber wenn jeder das tut, können sie einander dabei trotzdem hilfreich sein, ohne sich in ungute Retter-Opfer-Symbiosen zu verstricken. Hänsel und Gretel im Märchen sind ein Paar, das sich hervorragend gegenseitig unterstützt, das hervorragend miteinander kooperiert. Das ganze Märchen ist von Anfang bis Schluss voll mit Beispielen davon: Sie horchen miteinander die Eltern bei ihren dunklen Plänen aus; weil Hänsel die Tasche voller Steine hat, nimmt Gretel für beide das Brot zu sich; wenn einer verzagt, tröstet ihn der andere; sie teilen ihr Brot miteinander, als sie nur noch eines haben; Hänsel hält die Hexe so lange hin, bis sich eine gute Gelegenheit ergibt, dass Gretel sie in den Ofen schubsen kann, und so weiter. Am Anfang ist wohl Hänsel der aktivere, aber Gretel macht immer mit, bis sie schließlich gegen Schluss des Märchens auch selbst immer mehr Führung und Initiative übernimmt. Bei Hänsel-und-Gretel-Paaren fehlt es oft an dieser gegenseitigen Unterstützung und Kooperation: Vielmehr sabotieren sie sich nicht selten gegenseitig. Weil er von ihr so viel erwartet, geht sie in Streik, oder weil sie von ihm so viel erwartet, verschließt er sich. Einer lässt den anderen hängen, weil er sich selbst so überfordert fühlt. Der entscheidende Punkt, warum sie nicht kooperieren und sich gegenseitig unterstützen, ist zweifellos, weil sie sich die Schuld an der Misere gegenseitig zuschieben. Würde jeder seinen Anteil zugeben und sich darum eigenverantwortlich kümmern, wäre die entscheidende Basis dafür gelegt, zu gegenseitiger Unterstützung und gemeinsamer Kooperation zu kommen.

Im Märchen feiern und genießen Hänsel und Gretel ihren Sieg über die Hexe. Aber sie machen die Erfahrung, dass es damit immer noch nicht getan ist. Gegen Ende des Märchens gibt es noch eine wichtige Episode, an die sich die meisten Menschen, wenn man sie nach dem Märchen fragt, gar nicht mehr erinnern dürften. Da wird nämlich noch eine weitere, insgesamt die dritte Krise geschildert. Der Heimweg der Kinder wird unterbrochen: durch ein großes Wasser, heißt es im Märchen. Auch das Wasser ist ein Symbol für das Unbewusste. Es taucht aus ihren Seelen somit ein neues Hindernis für ein gutes Ende auf. Auch das Wasser hat mit dem Mütterlichen, und wir können wieder ergänzend sagen, mit dem Elterlichen zu tun, das offenbar in seinen negativen Aspekten immer noch nicht restlos »bewältigt« ist, sodass es einfach aus dem Leben verschwunden wäre. Das heißt, die Hexe ist nicht einfach tot, wie Gretel im Märchen gejubelt hat. Sie taucht in verwandelter Form ein weiteres Mal auf. Aber Gretel lässt sich nicht beirren, der bisherige Erfolg hat sie offenbar so gestärkt, dass sie sofort in die Offensive geht. Sie ruft ein hilfreiches Tier, eine Ente, herbei, und – sie hindert Hänsel daran, mit ihr zusammen die Ente als Fähre zu nutzen. Damit macht sie ganz klar, dass man da nicht einfach zusammen über das Wasser kann: Das wäre eine Überforderung für das kleine Tier und würde nur zum Untergang führen. Das heißt, auch hier wieder muss jeder seine Schritte selber tun, und Gretel hat das ganz klar verstanden. Man kann sich helfen, man kann sich unterstützen, aber die eigenen Schritte über das Wasser muss jeder in eigener Verantwortung tun. Diese kleine, oft vergessene Passage des Märchens enthält also nochmals eine wichtige Botschaft: Es wird, auch wenn wichtige, entscheidende Schritte getan sind, diese Situationen immer wieder geben, wo es mit dem Weiterkommen trotzdem schwierig wird, wo Hindernisse aus der eigenen Seele und aus der eigenen Vergangenheit auftauchen. Auch das können Hänsel-und-Gretel-Paare aus dem Märchen lernen: unsere Herkunftsgeschichte, auch mit allen ihren Einschränkungen, gehört zu unserer Identität dazu. Wir können sie nicht einfach abstreifen, wir werden sie mitsamt ihren Hindernissen nicht einfach los. Sie wird in kritischen Augenblicken unserer Beziehung immer wieder auftauchen. Aber wir können lernen, immer konstruktiver mit ihr umzugehen, wir können lernen, uns immer wirksamer dabei gegenseitig zu unterstützen, und es wird dann immer leichter und mit immer weniger Dramatik möglich sein, die Dinge wieder in gute Bahnen zu lenken.

Übrigens ist es vielleicht nicht ganz zufällig, dass es hier Gretel ist, die Hänsel einen Strich durch die Rechnung macht, indem sie ihn hindert, mit ihr zusammen das Entchen zu besteigen. Wenn er gemeinsam mit ihr auf der Ente über den Fluss will, heißt das vielleicht, er hält trotz aller erfolgreichen Auseinandersetzung mit seiner Hexe noch immer ein wenig an einer symbiotischen Beziehungsvorstellung fest. Und wenn Gretel sich wehrt und sagt: Nein, es geht nur nacheinander, nicht miteinander, dann spiegelt sich darin möglicherweise eine Erfahrung, die ich jedenfalls aus der Paartherapie bestätigen kann, nämlich die Erfahrung, dass aufs Ganze gesehen die Männer sich noch ein Stück schwerer tun als Frauen, ihre Erlösungshoffnungen, die sie in die Partnerschaft setzen, endgültig aufzugeben und selber die Verantwortung für ihr Seelenleben zu übernehmen.

Schließlich enthält das Märchen noch eine letzte hoffnungsvolle Botschaft für Hänsel-und-Gretel-Paare: Am Schluss gibt es Schätze über Schätze für beide, Gold, Perlen und Edelsteine. Also die Auseinandersetzung lohnt sich. Die Liebe des Anfangs, die großen Hoffnungen aufeinander, das tiefe Verständnis füreinander, das ist alles nicht kaputt, nicht verschwunden. Es ist reicher und tiefer da als am Anfang, es hat sich auf eine Weise erfüllt, wie es nicht zu erwarten war. Allerdings: Es ist ganz anders gelaufen, als sich die beiden das vorgestellt und gewünscht haben, und es war notwendig, die eigenen Vorstellungen loszulassen, die Krisen anzunehmen und durch sie aktiv und initiativ hindurchzugehen, und zwar nicht nur einmal, sondern immer wieder.

Erst auf diesem Weg finden die beiden am Schluss ihr eigenes Zuhause, in dem sie sich niederlassen und sicher sein können. Dass in diesem Zuhause der gute Vater anwesend, die böse Stiefmutter aber tot ist, entspricht wieder der einseitigen und schwarz-weiß zeichnenden Sichtweise des Märchens. Wenn wir es davon befreien, können wir das vielleicht so deuten: Beide haben die negativen Elternaspekte in ihren Seelen überwunden und können Vater und Mutter nun in einer positiven Weise und versöhnt annehmen. Jedenfalls ist dies oft der Prozess bei Hänsel-und-Gretel-Paaren: Wenn sie nicht in der Opferrolle stecken geblieben sind, wenn sie sich aus ihrem Schuld-Zuschreibungs-Muster befreit haben, finden sie meist auch zu einer Versöhnung mit ihrer Herkunft und können die Eltern in einem milderen Licht und in ihren positiven Seiten sehen.

Hänsel und Gretel, versöhnt mit ihrer Vergangenheit, reich an den Schätzen ihrer Erfahrung, glücklich in ihrer Liebe zueinander: Das ist das hoffnungsvolle Bild, welches das Märchen am Schluss Paaren mitgibt, die sich in dem Geschwisterpaar wiederfinden.

Othello und Desdemona

Wann Eifersucht die Liebe zerstört – und wann sie sie schützt und belebt

In früheren Zeiten gehörte Eifersucht zur Liebe – jedenfalls zur männlichen – wie das Brot zum Essen, und in südlicheren Ländern ist das heute noch der Fall. Bei uns ist Eifersucht seit den Achtundsechzigern in Verruf geraten – als gänzlich unangemessener Besitzanspruch, den man tunlichst aus der Liebe verbannen sollte. An Othellos Eifersucht auf Desdemona kann man sehen, wie und wodurch Eifersucht zerstörerisch wird, und in der Unterscheidung dazu wird auch deutlich, wann Eifersucht eine natürliche, ja sogar eine der Liebe dienliche Gefühlsreaktion sein kann.

Das berühmte Drama von Shakespeare geht auf eine ältere italienische Erzählung zurück, über deren Herkunft wir nichts Genaues wissen.[1] Es handelt sich zwar dabei nicht um ein Märchen oder einen Mythos. Aber wie die vielen Vertonungen und die noch zahlreicheren Verfilmungen des Stoffes zeigen, hat dieses Paar die Künstler immer wieder beschäftigt und beim Publikum immer wieder ein hohes Maß an Resonanz gefunden. Der Grund ist zweifellos, dass wir bei Othello und Desdemona in archetypischer Ausprägung mit einem Gefühl konfrontiert werden, mit dem es – jedenfalls phasenweise – so gut wie jedes Paar zu tun bekommt: nämlich mit der Eifersucht.

Nacherzählung des Dramas von Shakespeare

Othello, ein »Mohr«, ist ein geachteter Feldherr im Dienste Venedigs. Er hat vor kurzem den jungen Cassio zum Leutnant befördert und dabei seinen Fähnrich Jago übergangen. Jago beschließt, sich an seinem Herrn zu rächen. Er hinterbringt dem Vater Desdemonas, dem Senator Brabantio, dass Othello seine Tochter heimlich zu seiner Frau gemacht habe. Brabantio ist außer sich. Er verklagt den Feldherrn vor dem Senat. Desdemona aber steht zu ihrer Liebe und wendet sich gegen den Vater. Dieser ist wütend auf sie. Der Fürst greift ein und bestätigt die Verbindung der Liebenden. Dann schickt er Othello – zusammen mit Desdemona – nach Zypern. Der Feldherr soll die Insel gegen die Türken verteidigen. In Zypern setzt Jago seine hinterhältigen Intrigen fort. Er macht Cassio betrunken und hetzt ihn gegen einen Kameraden auf. Der Lärm des Zweikampfs lockt Othello herbei. Enttäuscht entlässt er Cassio aus dem Dienst. Jago rät dem jungen Leutnant, Desdemona um ein vermittelndes Wort zu bitten, und arrangiert es gleichzeitig so, dass Othello das Gespräch zwischen den beiden wie durch Zufall mithören kann. Desdemona ist von Cassios gutem Willen überzeugt und verspricht ihm, sich für ihn einzusetzen. Das deutet Othello als innere Zuneigung. Eifersucht beginnt ihn zu quälen, und um sie weiter zu schüren, fädelt Jago es so ein, dass Othello glauben muss, Desdemona hätte Cassio das Tüchlein geschenkt, das er ihr früher als Liebespfand anvertraut hat. Damit lodert Othellos Eifersucht zu flammendem Hass auf. Während Desdemona seinen bitteren Vorwürfen gegenüber hilflos ist (»Nur recht, wenn man mit mir so umspringt, ja, nur recht. Was war denn nur, mit welchem kleinsten Fehltritt konnt ich sein allerkleins-

tes Missfalln wecken?«), wütet Othello Jago gegenüber immer ungehemmter: »Verreck die geile Hur, verreck, verreck sie! Komm, gehen wir fort. Ich will mir irgendwo ein Mittel schaffen für den schnellen Tod der schönen Teufelin.« Taub für die Unschuldsbeteuerungen Emilias, der Zofe Desdemonas und Gattin Jagos, die er nur für eine Kupplerin hält, ist er nun zum Äußersten entschlossen: Desdemona muss sterben! In ihrem Bett erwürgt er sie. Angesichts der furchtbaren Tat kann Emilia nicht länger an sich halten, sie klärt alles auf und zwingt Jago, seine Intrigen zu gestehen. Doch es ist zu spät. Othello, in höchster Verzweiflung, Desdemona unschuldig gerichtet zu haben, ersticht sich und folgt ihr in den Tod.[2]

Was Shakespeare uns an Othello vorführt, ist zweifellos ein krankhafter Eifersuchts-Wahn. Beim Lesen, Zuschauen oder Anhören (falls es sich um eine der gleichnamigen Opern von Verdi oder Rossini handelt) findet man es furchtbar und quälend, wie der schwarze Feldherr sich in diesen Wahn hineinsteigert, wie dieser mehr und mehr von ihm Besitz ergreift und wie er aus einem zärtlich Liebenden einen rasenden Wilden macht. Dennoch geht es mir immer wieder so, dass ein Stück meiner Sympathie bei Othello bleibt, jedenfalls in der Form, dass ich trotz seiner Grausamkeit starkes Mitleid mit ihm empfinde. Seine Liebe zu Desdemona scheint mir bis zum Schluss vorhanden und auch irgendwie echt zu sein, und ich erlebe ihn ebenso stark als Opfer wie als Täter.

Liebe ohne Eifersucht?

Was können wir von Othello und Desdemona über Eifersucht und Liebe lernen? Auch wenn es nicht immer mit Mord und Totschlag endet: Eifersucht kann sehr zerstörerisch sein. Es ist darum nur zu verständlich, dass immer wieder der Versuch gemacht wird, die Eifersucht aus der Liebe zu verbannen. Wenn ich eifersüchtig bin, betrachte ich den Partner dann nicht als Besitz? Ist Othello nicht der typische Vertreter einer patriarchalen Ordnung, der über seine Frau, ihre Gefühle und Regungen die totale Kontrolle zu besitzen beansprucht und der darum ausrastet, wenn er den Eindruck bekommt, dass sie sich dieser Kontrolle entzieht? Sieht man nicht an ihm zwar krass, aber psychologisch sehr genau, wohin das führt? Fast jeden Tag lesen wir in der Zeitung von Othello-ähnlichen Untaten, von Mord und Totschlag; und was sonst noch an Handgreiflichkeiten und verbalen Gewaltakten auf das Konto von

Eifersucht geht, ist kaum zu ermessen. Wahre Liebe und Eifersucht scheinen sich nicht miteinander zu vertragen. Wenn du also eifersüchtig bist, dann gehe in dich, arbeite an dir und versuche, schleunigst dieses Gefühl los zu werden!

Aber geht denn das? Gibt es das, dass eine Liebe zwischen Frau und Mann ohne Eifersucht auskommt? Gibt es das, wenn die Gefühle sich einem Dritten zuwenden, dass dies keine Eifersucht wecken muss? Das würde ja bedeuten, jedenfalls dem idealen Anspruch nach, eine Liebesbeziehung zu einem Dritten großzügig zu tolerieren oder sogar gutzuheißen, so wie es sich die Marschallin in der Oper »Der Rosenkavalier« von Richard Strauß vorgenommen hat: ihren jungen Geliebten »lieb zu haben in der richtigen Weis'. Dass ich selbst seine Lieb' zu einer andern noch lieb hab«.[3] Aber ist das etwas Menschenmögliches? Bei der Marschallin in der Oper ist das möglich, weil sie als die viel ältere Frau »ihrem Bub« gegenüber mehr und mehr mütterliche Gefühle hegt, die die erotischen zu überdecken beginnen. Eltern können »die Lieb« ihrer heranwachsenden und sich ablösenden Kinder in dieser Weise »liebhaben« oder sollten es wenigstens können. Aber Partner? Entweder werden sie dann auch zu Quasi-Müttern, Quasi-Vätern ihrer Partner beziehungsweise Partnerinnen oder aber:

Man ist am Partner/der Partnerin schon so wenig mehr interessiert, dass eine derartige Toleranz möglich wird. Das heißt aber: Mit der Partnerliebe ist das Tolerieren oder Gutfinden einer erotischen Liebe zu einem Dritten nicht vereinbar.

Wenn die Beziehung zu meinem Partner nahe und intim ist, wird Eifersucht sich melden als eine ganz natürliche Reaktion, und zwar dann, wenn diese Intimität und Nähe durch einen Dritten in Gefahr gerät oder verletzt wird. Das hat nichts mit Besitzanspruch zu tun, sondern ist die normale Reaktion auf die mögliche oder tatsächliche Verletzung des Intimitätsraumes, den ich zwischen dir und mir erlebe und von dem ich mir wünsche, dass er unversehrt bleibt. Es hat somit keinen Sinn, sich im Fall einer Außenbeziehung des Partners, weil dies ein Besitzanspruch wäre, die Eifersuchtsreaktion gewaltsam abtrainieren zu wollen, wie das manche Menschen versuchen, weil sie modern, tolerant und aufgeschlossen sein wollen. Damit werten sie sich nur selber ab und quälen sich unsäglich, anstatt die Kraft, die die Eifersucht mobilisiert, zu nutzen, um sich mit dem Partner, der sie verletzt, auseinanderzusetzen.

Das Gefühl von Eifersucht ist so gesehen ein Barometer der Liebe. Es zeigt beiden Partnern an, wann der Liebe Unwetter drohen, sodass man sich vorsehen muss – oft schon im Vorhinein, bevor etwas Handfestes passiert ist – wie eben auch der Zeiger des Barometers ins Schlechtwetterfeld rückt, schon bevor die Sonne am Himmel verschwunden ist. Die Eifersuchtsreaktion schützt also den Raum der Liebe. Wenn Othello äußerst aufmerksam reagiert, als er von einer Begegnung seines Hauptmanns Cassio mit seiner Frau erfährt und erste Anflüge von Eifersucht bei ihm spürbar werden, so ist das zunächst noch eine durchaus »normale« Reaktion.

Eifersucht als Besitzanspruch

Aber damit hat es nicht sein Bewenden. Seine Eifersucht bekommt sehr bald eine Eigendynamik, die immer destruktiver wird, und zwar schon lange vor dem Mord. An was ist diese Eifersucht als eine krankhafte zu erkennen? Was unterscheidet sie von einer normalen Eifersuchts-Reaktion? Hier sind zwei Dinge zu nennen: erstens die Fantasien, die der Eifersüchtige sich macht, und die Art, wie er sie sich macht, und zweitens der Versuch, über den anderen Macht und Kontrolle auszuüben.

Beginnen wir mit dem Versuch, über den Partner Macht und Kontrolle auszuüben. Wir sind uns wohl alle darüber einig, dass die Tat Othellos auch dann zu weit gehen würde, wenn er mit seinen Vermutungen Recht hätte. In dieser Tat drückt sich nämlich tatsächlich die Überzeugung aus, dass ich die Verfügungsgewalt über die Gefühle und Handlungen des anderen haben muss. Bei Othello geht das ins äußerste, absurde Extrem: Er tötet Desdemona, weil er meint, anders sie und ihre – fantasierten – Gefühle nicht mehr unter seine Kontrolle bringen zu können. Tritt die Eifersucht also gekoppelt mit einem derartigen Besitzanspruch auf, der Verfügungsgewalt, Macht und Kontrolle über die Gefühle und das Handeln des anderen haben will, wird Eifersucht tatsächlich destruktiv und das Gegenteil von Liebe. Dass ich weine und vielleicht wütend schreie, wenn der Partner unseren Intimitätsbereich mit jemandem Dritten verletzt, das ist eine normale Reaktion der Liebe, die zeigt, dass es mir Ernst ist mit unserer Partnerschaft. Aber ich besitze den anderen nicht, darum kann ich ihn nicht »unter Kontrolle« bringen oder Gewalt gegen ihn ausüben wollen. Liebe darf, ja muss manchmal eifersüchtig sein, aber wenn sie versucht, Macht über den anderen auszuüben, zerstört sie sich selbst. Insofern ist Liebe immer »ohnmächtig«, sie kann den anderen und seine Gefühle nicht zwingen. Krankhafte Eifersucht akzeptiert diese Ohmacht nicht, sondern besteht darauf, den anderen zu zwingen.

Eifersuchtsfantasien

Das Zweite sind die Eifersuchts-Fantasien. In Shakespeares Drama ist es Jago, der die Fakten – die Gespräche Desdemonas mit Cassio und das Tuch, das er in dessen Hände spielt – so arrangiert, dass daraus eine »lückenlose« Indizienkette für den Ehebruch der Frau zu entstehen scheint. Jago erscheint im Othello-Drama als eine Ausgeburt des Bösen schlechthin, so böse, dass man sich einen solchen Menschen gar nicht real existierend vorstellen kann. Psychologisch wird aber die Sache sehr plausibel, wenn wir Jago nicht als Person, als Offizier Othellos nehmen, sondern in ihm einen personifizierten Seelenanteil Othellos selbst sehen. So ist es nämlich: Im krankhaft Eifersüchtigen gibt es einen Seelenanteil, der immer stärker die Regie übernimmt und »mit Eifer« nach Beweisen der Untreue »sucht«, auch in Vorfällen, die absolut harmlos sind. Ein Teil in der eigenen Seele wird zum Indizien suchenden und arrangierenden Jago, der dem »Ich« des Eifersüchtigen immer wieder seine neuesten »Informationen« präsentiert, so wie es Jago Othello gegenüber tut. Da wird schon in jeden freundlichen Blick des Partners für einen anderen ein Seitensprung hineinfantasiert und die Zeit, in der er/sie allein ist, wird mit Vorstellungen von tollsten Liebesorgien ausgefüllt.

Typisch für krankhafte Eifersucht ist nämlich auch, dass dieser »Jago« – genau wie er es in unserem Stück tut – in immer üppigeren Fantasien ausmalt, was da passiert. Aus den ersten zaghaften Andeutungen wird immer mehr. Die Sprache Jagos wird immer eindeutiger und derber, und Othello selber fängt an, immer mehr diese Sprache zu gebrauchen. So ist es auch beim krankhaft Eifersüchtigen: Die Indizienkette, die er sich zusammenbaut, weist auf immer massivere Ereignisse hin, die er sich selbstquälerisch in den blühendsten Farben ausmalt.

Außerdem nehmen solche Fantasien zwanghafte Züge an. Dies ist im Drama Shakespeares ebenfalls deutlich: Jago lässt nicht mehr von Othello, immer ist er »im rechten Augenblick zur Stelle« und treibt ihn unbarmherzig der Katastrophe entgegen. Der Eifersüchtige kriegt die Fantasien nicht mehr los, sie besetzen sein Hirn und sein Herz und machen ihn regelrecht zu einem »Besessenen«, sodass – wie im Stück Desdemonas Beteuerungen – alle Gegenargumente nichts mehr nützen, um ihn von seiner Überzeugung abzubringen.

Wenn also derartige Phänomene zu beobachten sind, wenn der Eifersüchtige sich zwanghaft derartige Fantasie-Gebilde aufzubauen beginnt und wenn er daraus den Anspruch ableitet, den anderen zwingen oder strafen zu dürfen, dann ist Eifersucht keine notwendige und natürliche Begleiterscheinung von echter Liebe mehr, sondern ein krankhafter Zustand, der dann auch entsprechend therapeutisch behandelt werden muss. Oder um es bildhaft auszudrücken: Wenn ein »Jago« in unserer Seele sich annähernd so aufzuführen beginnt wie der Jago Othellos, dann muss schleunigst etwas gegen ihn unternommen werden, damit es nicht einen ähnlichen Ausgang nimmt wie im Drama.

Woher kommt Eifersucht?

Allerdings bleibt dabei eine wichtige Frage, die uns im Verständnis der Eifersucht noch ein Stück weiterführen wird, weil sie uns verstehen lässt, womit derartige Eifersucht zusammenhängt: Othello ist zerstörerisch eifersüchtig, gewiss. Aber er liebt doch Desdemona auch, und diese Liebe scheint bis zuletzt noch da zu sein, obwohl er ihr so Schreckliches antut. Wie ist das mit dem Gesagten vereinbar? Was ist das für eine Liebe?

Shakespeare lässt Othello zu einer Zeit, da dieser die Treue seiner Frau noch kaum in Frage stellt, einen sehr wichtigen und erhellenden Satz zu Desdemona sagen: »Trotzköpfchen, reizendes! Verdammt sein will ich, aber ich lieb dich! Und wenn ich dich nicht liebe, *dann kehrt das Chaos zurück!*«[4] Von welchem Chaos ist hier die Rede? Ich kann es mir nicht anders erklären als: vom Chaos in seiner eigenen Seele. Desdemona und seine Liebe zu ihr garantieren also Ruhe, Ordnung, Stabilität in seiner Seele. Ohne die liebende Verbindung zu ihr bricht hier das Chaos aus, oder genauer: kehrt es wieder. Er kennt es also, dieses Chaos in seiner Seele, er hat es bereits erlebt, und er hat die Erfahrung gemacht, dass Desdemonas Liebe es gebannt hat. Hier ist der entscheidende Punkt. Denn damit charakterisiert Othello seine Liebe zu ihr als die Liebe eines hilflosen Säuglings zu seiner Mutter. Der Säugling ist ohne die liebende Fürsorge der Mutter dem Chaos seiner Gefühle und Körperreaktionen ausgeliefert. Er ist ohne Halt an ihr dem Untergang preisgegeben. Damit wird klar, dass Desdemona eine Stellung für ihn einnimmt, die eine Mutter für ein ganz kleines Kind hat – und die ein Erwachsener für einen Erwachsenen nie mehr einnehmen kann. Er hängt an ihr mit einer Liebe, die der Liebe eines Säuglings gleicht, die seinem Gefühl nach sein Überleben garantiert.

Das aber heißt: Othello liebt Desdemona tatsächlich bis zum schrecklichen Schluss. Diese Liebe ist auch tief und innig, ja existentiell. Aber es ist keine erwachsene Liebe. Es ist eine Liebe, die zwischen Erwachsenen nicht möglich ist und die darum scheitern muss. Hier finden wir die tiefste Wurzel krankhafter Eifersucht: Der Eifersüchtige ist deshalb so eifersüchtig, weil er eine derart totale Liebe beansprucht, dass der Partner/die Partnerin sie tatsächlich nicht – jedenfalls nicht auf Dauer – geben kann, weil sie nur möglich ist zwischen der Mutter und dem ganz kleinen Säugling. Alles, was der Partner/die Partnerin gibt, muss somit immer zu wenig, nicht echt, vorgetäuscht und so weiter sein, und die »wirkliche« Liebe, so fantasiert der Eifersüchtige, bekommt ein anderer …

Bei krankhafter Eifersucht müssen wir also fragen: Was hat der Eifersüchtige als Kind erlebt? Wenn man dieser Frage nachgeht, stellt sich in unterschiedlichsten Variationen immer wieder heraus: Er hat schlimme Erfahrungen mit seinen frühesten Beziehungen gemacht. Er war ein alleingelassenes, vernachlässigtes, ja verratenes Kind, dem andere vorgezogen worden sind. Die ganze unerfüllte Beziehungssehnsucht von damals richtet sich nun auf den Partner, und sie kippt an ihm dann auch sehr leicht um in jene tiefe Kränkung von damals. Damit wird die Eifersuchtstragödie von heute sichtbar als eine »Re-Inszenierung« des Beziehungsdramas von damals, eines Beziehungsdramas, das der Eifersüchtige in seiner Herkunftsfamilie erlebt hat. Er besteht – wie damals das Kind der Mutter gegenüber – auf der unbedingten Liebe des Partners, und er »erkennt« in irgendwelchen nichtigen Anlässen die Anzeichen, dass er – wie damals – um diese Liebe betrogen wird. Und er reagiert darauf mit Schmerz, Wut und Hass – wie damals, nur mit dem Unterschied, dass er damals als kleines Kind ohnmächtig war, jetzt aber nicht mehr, und darum spielt er seine »Macht« jetzt in Zwangs- und Strafaktionen aus, um zu erzwingen, was ihm scheinbar von neuem vorenthalten wird.

Psychologisch gesehen könnte man somit eine ganz positive Sichtweise für Jago bekommen. Denn er bringt das Unrecht zur Sprache. Er ist nichts anderes als der Anwalt des verratenen, gekränkten inneren Kindes, ja vielleicht sogar dieses »böse gewordene« innere Kind selber, das die überführen will, die ihm Unrecht getan haben. Allerdings richtet er den Verdacht auf die Falschen, und sein Problem lässt sich überhaupt nicht mit Anklage und Aufhetze bewältigen. Der »innere Jago« bräuchte also jemanden, der seinen Schmerz erkennt, ihn widerspiegelt, mit ihm an die eigentlichen Urspünge geht und durch Mitgefühl seine Destruktivität in lösenden Schmerz verwandelt …

Bei Shakespeare erfahren wir über solche Zusammenhänge nichts, sie waren damals noch nicht bekannt. Aber möglicherweise hat der Dichter schon etwas davon geahnt. Denn er stellt im Stück die schwarze Hautfarbe des »Mohren« immer wieder als einen Makel dar, als etwas, das ihn – trotz seiner hohen und angesehenen Stellung als Feldherr – zum Außenseiter stempelt. Und er lässt ihn sogar vermuten, dass dieser Makel mit einen Grund für die Untreue Desdemonas darstellt. Die schwarze Hautfarbe wird bei Shakespeare etwas, das Othellos Selbstwertgefühl verwundet. Es fehlt ihm etwas, das ihm ein selbstverständliches Vertrauen in sich und die anderen geben könnte. Es ist, als wäre in diesem »Makel« symbolisch ausgedrückt, was wir bei dem krankhaft Eifersüchtigen auf der psychischen Ebene immer feststellen müssen: dass er »einen Makel« hat, dass ihm etwas »Grund-legendes« vom Anfang seines Lebens her fehlt, was er im späteren Partner mit »Eifer sucht«, süchtig sucht, was er bei ihm aber nicht finden kann, sodass er es, weil er es so dringend bräuchte, mit Gewalt zu erzwingen versucht.

Vielleicht ist dies auch der tiefste Grund, dass wir mit Othello auch Mitleid fühlen, trotz allem, was er Schreckliches tut. Wir sind berührt von dieser Suche nach Liebe, die das Chaos bannen könnte, weil es – auf der Ebene des Kindes gesehen – ein zutiefst berechtigtes Bedürfnis ist, diese Liebe zu erfahren. Aber natürlich ist die Partnerin, ist Desdemona damit überfordert, auch wenn ihre Liebe noch so rein, noch so eindeutig und für jeden Außenstehenden über jeden Zweifel erhaben ist. Das müssten sich alle Partner von krankhaft Eifersüchtigen sagen: Ich kann ihn/sie noch so eindeutig lieben, mich noch so sehr anstrengen – es ist nicht das, was er/sie sucht. Es liegt auf einer anderen Ebene. Hier ist der Therapeut gefragt, nicht der Liebespartner. Der krankhaft Eifersüchtige verdient Mitgefühl, aber »gesundlieben« kann ihn der Partner nicht. Er steht – wie Desdemona – damit auf verlorenem Posten.

Projektionen

Noch etwas fällt an Othello auf, das uns bei Eifersüchtigen begegnet und das uns die krankhafte Eifersucht ein Stück mehr verstehen lässt. Othello wird – wie bereits erwähnt – in seinen Fantasien darüber, was Desdemona tut, im Laufe des Dramas immer vulgärer und ausschweifender. Das Bild von Desdemona, das er anfangs hat, ist fast das Bild einer Heiligen. Es verändert sich mit fortschreitendem Wahn immer mehr zum Bild einer Hure. Dadurch erscheinen ihm sein Hass und sein Strafbedürfnis immer wieder neu und immer mehr gerechtfertigt zu sein. So wie Othello schwelgen alle krankhaft Eifersüchtigen in »schmutzigen Fantasien«, die sich freilich alle auf den anderen beziehen. Wie kommt das, und welcher psychische Mechanismus steckt dahinter?

Man fragt sich: Wird da nicht etwas verdreht? Könnte es sein, dass die sexuellen Ausschweifungen, die er dem anderen andichtet, vielleicht die Wünsche des Eifersüchtigen selbst sind? Wünsche, die er sich nicht zugesteht, die aber in seiner Seele rumoren? Der Eifersüchtige hat keine gesunde, von Liebe begleitete Entwicklung durchmachen können. Wie sollte er da mit der eigenen inneren Trieb-Welt im Reinen sein? Auch hier – in dieser seiner Trieb-Welt – herrscht Chaos. In der Darstellung Shakespeares ist Othello als »Mohr« gemäß der damaligen Weltsicht und nach damaliger Auffassung »ein Wilder«. Er ist zwar jetzt ein angesehener Feldherr, aber »dahinter« immer noch ein »Wilder«, und seine Wildheit bricht ungezügelt durch, sobald sein Feldherrn-Image durch die Intrige Jagos angekratzt wird. So ist jeder krankhaft Eifersüchtige seelisch ein »Wilder«, er hat sein inneres Trieb-Chaos nicht gebändigt, er hat es verdrängt, er hat es wie Othello hinter einem ansehnlichen Äußeren nur versteckt. Und wie das immer bei Verdrängtem ist: Aus dem Untergrund drängt es hervor, drängt es ins Bewusstsein, will beachtet sein. Weil das aber bedrohlich ist, setzt ein Mechanismus ein, der in der Psychologie Projektion genannt wird: Man hängt das bedrohlich Schmutzige, Unerlaubte, Unanständige dem Partner an und beginnt, es an ihm zu bekämpfen, indem man ihn deshalb zur Rede stellt, indem man ihn deshalb kritisiert, indem man ihn dafür bestraft. Damit entlastet der Eifersüchtige zwar die eigene Seele, jedenfalls vorübergehend, aber die schrecklichen Folgen, die das hat, werden in drastischer Weise am Beispiel Othellos deutlich: Es beginnt ein Verfolger-Täter-Opfer-Spiel, das nur noch destruktiv enden kann.

Das heißt: Es ist sehr wahrscheinlich, dass das, was der Eifersüchtige seinem Partner andichtet, Spiegelungen seiner eigenen ungeordneten und nicht integrierten Sexualität sind. Was er vom anderen fantasiert, ist in erster Linie sein eigenes

Problem. Der Partner soll sich dadurch nicht verwirren lassen, selbst dann nicht, wenn er nicht von sich sagen kann, dass seine Liebe so über alle Zweifel erhaben ist wie diejenige, die Shakespeares Desdemona Othello entgegenbringt.

Desdemona wird von Shakespeare als makellose Frau dargestellt und als solche lässt er sie auf Othellos Eifersucht immer ziemlich sanft und zurückhaltend reagieren. Aber hier hat er, vermutlich ohne es zu wollen, einen großen Fehler Desdemonas dargestellt: Sie wehrt sich zwar, aber sie tut es recht schwach. Sie setzt der Kraft seiner Projektionsdynamik damit nichts entgegen. Othello kann das nur wieder als neuen Beweis ihrer Untreue interpretieren. Darum tut der Partner des wahnhaft Eifersüchtigen gut daran, schärfere Geschütze als Desdemona aufzufahren, sonst bringt er sich nur zusätzlich in Verdacht. Sich mit aller Kraft und Klarheit von den Unterstellungen des anderen abzugrenzen, sie klar und heftig zurückzuweisen, ist für den Eifersüchtigen hilfreicher, als verstehende sanfte Zurückhaltung. Die klare Abgrenzung verweist ihn nämlich auf sich selbst zurück: Und hier, bei sich selbst, in der eigenen Seele, beim eigenen inneren »Jago« muss angesetzt werden, damit ein Ausweg gefunden wird.

Grundlose Eifersucht?

In Shakespeares Drama klagt Desdemona über Othellos Eifersucht: »O Herrgott, nein! Ich gab ihm keinen Grund!« Darauf ihre Zofe Emilia: »Eifersüchtige sind nicht aus Gründen eifersüchtig. Sie sind eifersüchtig aus Eifersucht. Die Eifersucht ist ein Ungeheuer, das sich selbst zeugt und aus sich selbst gebiert.«[5] – Die Eifersucht, ein Ungeheuer, das sich selbst zeugt und aus sich selbst gebiert? Ja, so scheint es, wenn man sie auf den bezieht, dem sie gilt. Angesichts der Gefühle und Verhaltensweisen Desdemonas scheint sie tatsächlich ihren Grund nur in sich selbst zu haben. Aber wenn man die Geschichte des krankhaft Eifersüchtigen in die Betrachtung mit einbezieht, wie wir es getan haben, lässt sich diese Aussage Emilias nicht aufrecht erhalten. Gezeugt und geboren wird die Eifersucht durchaus in einem und durch ein Beziehungs-Geschehen, nämlich durch die kränkenden Beziehungserfahrungen des kleinen Kindes in seiner Ursprungsfamilie. Damit ist krankhafte Eifersucht meist nicht ein Wahn im strengen Sinn, sondern sie hat ihre psychischen Ursachen, die behandelt werden können und müssen. Zutreffend ist die Aussage der Kammerfrau Desdemonas also nur insofern, dass es nicht Desdemona ist, die »Schuld« an Othellos Eifersucht hat.

Das könnte nun allerdings Anlass zu neuen Missverständnissen geben. Denn es gibt neben krankhafter Eifersucht durchaus auch heftige Eifersuchtsattacken, an denen der Partner zwar zunächst so schuldos wie Desdemona zu sein scheint, dies aber bei genauerem Hinsehen keineswegs ist. Das heißt, die Beziehung und der Partner können bei »grundlos« erscheinender Eifersucht durchaus – als Ursache, Auslöser oder Verstärker – auch eine Rolle spielen, die aber zunächst verborgen bleibt. Es empfiehlt sich also doch auch wiederum, auch bei »grundlos« erscheinender Eifersucht, die Sache nicht sofort oder jedenfalls nicht ganz und gar dem Eifersüchtigen und seiner Vergangenheit in die Schuhe zu schieben und ihn sofort als »krankhaft eifersüchtig« zu diagnostizieren. Denn der Partner und der Zustand der derzeitigen Beziehung können sehr wohl für Eifersucht mit verantwortlich sein, entweder dafür, dass die Eifersucht daran einen »Aufhänger« findet, oder auch dafür, dass überhaupt eine Eifersuchtsreaktion ausgelöst wird, die gar nichts mit »krank« zu tun hat, sondern durchaus angemessen erscheint.

Nachdem ich also bisher den Partner des Eifersüchtigen zu entlasten versucht habe, ist es mein Anliegen in diesem Abschnitt, auch »die andere Seite« deutlich zu machen: Der »nicht-eifersüchtige« Partner sollte sich – trotz des Gesagten – auch wiederum nicht zu schnell aus der Verantwortung herausziehen. Sogar in Shakespeares Drama, das Desdemona und ihre Liebe zu Othello über allen Zweifel erhaben darstellt, sind dafür einige Hinweise zu finden, die bedenkenswert erscheinen.

Wenn Othello eifersüchtig wird, heißt das ja, dass seine ihm von Jago eingepflanzten Untreue-Fantasien stärker werden als sein Gefühl von Beziehungs-Sicherheit zu Desdemona. Für die Entstehung von Eifersuchtsfantasien spielt – bei allem, was der Eifersüchtige in seiner Kindheit erlebt haben mag – auch das Gefühl von Sicherheit oder Unsicherheit in der gegenwärtigen Beziehung eine Rolle. Und hier gibt es tatsächlich Hinweise auch im Shakespeare-Stück, dass eine gewisse Beziehungs-Unsicherheit zwischen Othello und Desdemona vorhanden ist, die für das Aufflackern seiner Eifersucht mit verantwortlich ist. Dieselbe Beziehungs-Unsicherheit finden wir auch oft bei heutigen Paaren, die sich mit Eifersucht quälen.

Als Erstes fällt auf, worauf ich bereits hingewiesen habe: Desdemona reagiert gegenüber Othellos Vorwürfen immer relativ schwach. Ich finde Ähnliches häufig bei Frauen: Sie lassen sich durch die Eifersüchteleien des Partners in die Defensive drängen, zum Beispiel weil sie sich innerlich Vorwürfe machen, sie würden den Partner »nicht stark genug« lieben. Auf jeden Fall reagieren sie auf seine Vorwürfe mit Verstummen und Rückzug und bleiben sanft wie Desdemona das ganze Drama hindurch. Dadurch lassen sie ihn aber »sein Rad weiterdrehen«. Sie machen sich nicht unmissverständlich deutlich. Damit erlebt der andere sie nicht als wirkliches Gegenüber. Sie weichen zurück, statt sich dem anderen in den Weg zu stellen. Wenn der andere sie aber nicht deutlich spürt, spürt er auch die Beziehung nicht – und das wiederum kann das Einfallstor neuer und heftigerer Eifersuchts-Fantasien und -Gefühle sein. Die Frage, die der Partner des Eifersüchtigen sich stellen sollte, lautet hier: Bin ich dem anderen ein ausreichend spürbares Gegenüber? Oder ziehe ich mich zurück, verstumme ich, nehme zu viel Rücksicht, stehe zu wenig zu ihm?

Ein zweiter Punkt: Giuseppe Verdi lässt in seiner gleichnamigen Oper Othello und Desdemona am Ende des ersten Aktes ein langes Liebesduett singen, eines der schönsten und innigsten der ganzen Opernliteratur. Dies lässt einen wichtigen Unterschied zu Shakespeares Darstellung klar hervortreten: Bei ihm haben die beiden kein einziges Mal so viel miteinander zu tun. Sie haben so gut wie überhaupt keine Zeit mit- und füreinander. Immer werden sie unterbrochen. Immer kommt etwas dazwischen, immer wird das Zusammensein der beiden gestört, und zwar meist wegen der beruflichen Aufträge seines Vorgesetzten, des Dogen von Venedig, die Othello auszuführen hat. Sein Beruf geht immer vor. Die Pflege der Beziehung zieht immer den Kürzeren. Ähnliches kann auch Grund dafür sein, dass die Beziehung unsicher wird. Man spürt sich nicht mehr – und bei einem der beiden flammt Eifersucht hoch: weil ihre Beziehung für sie nie eine tragende Realität wird. Immer ist die Arbeit wichtiger (die Aufträge des »Fürsten«!), oder die Familien-Organisation oder sonst etwas – und das Paar verliert sich aus den Augen. Das provoziert die Entstehung von Eifersucht, bietet ihr mindestens »den Aufhänger«, vor allem natürlich dann, wenn entsprechende Vorerfahrungen in der Herkunftsgeschichte vorhanden sind. Die Frage würde hier lauten: Geben wir beide unserer Paarbeziehung im Alltagsgetriebe genügend Gewicht, genügend Zeit, genügend Raum?

Auf diesem Hintergrund wird auch etwas verständlicher, dass Othello das Zusammentreffen seines Hauptmanns Cassio mit seiner Frau als einen ersten konkreten »Beweis« ihrer Untreue wertet, auch wenn es natürlich kein ausreichender Grund ist. Wenn Othello sich mit Desdemona so wenig, wie es bei Shakespeare dargestellt ist, als Liebespaar spürt, ist es kein Wunder, dass seine sexuellen Fantasien nach draußen driften – in diese andere, wenn auch völlig harmlose Begegnung, hinein. Dazu kommt, was hier aus dem alltäglichen Leben zu ergänzen ist, auch wenn es in Shakespeares Stück nicht vorkommt: Ähnliche Treffen des Partners mit anderen Männern und Frauen sind oft keineswegs so harmlos und »unschuldig« wie das von Cassio und Desdemona. Auch wenn man mit dem anderen nicht ins Bett geht, kann es sein, dass es in solchen Begegnungen erotisch nur so funkt und knistert. Das spürt der andere, wird eifersüchtig und bekommt zur Anwort: »Da ist doch gar nichts! Du spinnst wohl! Was sollte denn da sein?!« Aber der Eifersüchtige spürt, »dass da was ist«. Er reagiert auf das »Spiel mit dem Feuer«. Weil das aber abgeleugnet wird, fängt er an, weiterzufantasieren und weitere »Beweise« zu suchen. Es wäre hier besser, dem anderen gegenüber offen zu sein, zum Beispiel etwa auf diese Weise: »Ja, es ist wahr, der macht mich ungeheuer an, und wenn wir so wenig Zeit haben miteinander und so wenig miteinander zärtlich sind, dann kann es durchaus sein, dass ich bald mit ihm ins Bett steige!« Eine solche Aussage würde die wahre Realität auf den

Tisch bringen, die Auseinandersetzung mit der eigenen Beziehung und ihrer Qualität in Gang setzen – und dann hätte die Eifersucht ihren sehr guten Sinn gehabt: als Schutz vor der Bedrohung der Liebe, wie wir oben gesehen haben.

Schließlich ist an Shakespeares Darstellung noch eine wichtige Beobachtung zu machen: Das Drama beginnt mit einer Szene, die in Verdis Oper fehlt, sodass man – wiederum durch den Unterschied – auf sie besonders aufmerksam wird. In dieser Szene stehen Desdemonas Vater Brabantio und seine rabiate Missbilligung der Beziehung seiner Tochter zu Othello im Mittelpunkt. Desdemona grenzt sich – für die damalige Zeit erstaunlich direkt – klar und eindeutig von dieser Kritik ab und steht zu Othello. Das ist eindrucksvoll und soll im Zusammenhang der Shakespeare'schen Darstellung die Eindeutigkeit von Desdemonas Liebe zu ihrem Gatten demonstrieren. Aber trotzdem bleibt ein ungutes Gefühl. Denn des Vaters Einwände werden erst durch die Intervention des Fürsten zum Schweigen gebracht. Es kommt zu keiner Versöhnung mit ihm. Am Schluss wird gemeldet, dass Desdemonas Vater aus Gram über die Verbindung gestorben sei. Es ist also zwischen ihm und Desdemona zu keiner »guten Ablösung« gekommen.

Natürlich will ich hier nicht der magischen

Vorstellung das Wort reden, dass über einer Beziehung, die die Eltern nicht gutheißen, ein ins Verderben führender Fluch hängt. Aber psychologisch hat diese magische Vorstellung einen wahren Kern: Der bleibende Widerstand, die bleibende Abneigung der Eltern gegen eine Verbindung ihres Kindes mit einem anderen Partner ist eine Hypothek für die Beziehung. Meist zeigt sich nämlich in dieser Unversöhntheit der Eltern auch ein Problem ihres – erwachsenen – Kindes: dass nämlich die Tochter (in unserem Fall) oder der Sohn nicht von ihnen abgelöst ist. In der fast schnippischen Art, wie Desdemona ihren Vater »stehen lässt«, könnte eine solche »Gegenabhängigkeit« zum Ausdruck kommen, eine Abhängigkeit mit negativen Vorzeichen, die sich in einer Trotzhaltung verhärtet hat, aber ebenso Abhängigkeit bedeutet wie ein »positives« Hängen an den Eltern.

Ob dies nun bei Desdemona wirklich so ist oder nicht, sei dahingestellt, aber auf jeden Fall steht fest: Ein Partner, der als »braves« oder als »trotziges« Kind noch innerlich an seinen Eltern hängt, ist für den anderen als Liebespartner nicht frei. Ohne dass es äußerlich einen Anlass geben müsste, fühlt der andere darum, dass er für ihn nicht wirklich »zu haben« ist, dass sein Herz noch woanders hängt, und das aktiviert unter

Umständen seine – im einzelnen durchaus unangemessenen – Eifersuchtsfantasien. Auch das könnte ein wichtiger Grund »grundloser Eifersucht« sein. Die Frage könnte hier lauten: Was signalisiert mir die Eifersucht meines Partners hinsichtlich meiner eigenen Abhängigkeit von meinen Eltern und damit hinsichtlich meiner Fähigkeit, frei für die Liebe zu ihm als einem erwachsenen Partner zu sein?

Freilich bleibt gerade hier anzumerken, und das gilt für alle Überlegungen dieses Abschnitts: Der Partner des Eifersüchtigen sollte sich solche Fragen stellen, aber es damit auch wiederum nicht zu weit treiben und sich damit völlig verrückt machen. Es gilt, sich einen ehrlichen und klaren Blick zu bewahren: Wo wirke ich mit daran, dass der andere eifersüchtig wird, und wo ist es wirklich »sein Problem«, mit dem ich nichts oder nur sehr wenig zu tun habe? Die Antwort darauf lässt sich nicht immer leicht finden. Es gibt aber, wie wir gesehen haben, Gesichtspunkte, die man bedenken kann und die zu einer Klärung beitragen können.

Heilsame Eifersucht

Eifersucht kann eine natürliche Reaktion auf die Gefährdung der Liebe sein. Eifersucht kann krankhaft sein. Eifersucht kann in der Seele und der Geschichte des Eifersüchtigen selbst ihren Ursprung haben. Aber Eifersucht kann auch Gründe in der jetzigen Beziehung haben und damit wichtige Fragen an die Partnerschaft stellen. Und noch ein Allerletztes: Eifersucht kann auch sehr inspirierend und heilsam für eine Beziehung sein. Diese mögliche letzte Funktion der Eifersucht taucht in Shakespeares großem, tragischen Drama nicht auf, wir begegnen ihr eher in vergnüglichen, manchmal etwas frivolen Boulevard-Komödien: Wenn nämlich einer der Partner den anderen bewusst eifersüchig macht, um ihn aus seiner Lethargie herauszureißen. Ich erlebe das immer wieder: Bei einem Mann bahnt sich eine Außenbeziehung an – und plötzlich wird seine Frau, die seit einiger Zeit jeder Intimität ausgewichen ist, sexuell wieder lebendig. Plötzlich spürt sie wieder ihr eigenes Verlangen und erlebt – zu ihrem eigenen höchsten Erstaunen – wieder oder sogar erstmals intensive Sexualität mit ihrem Mann. Oder eine Frau schwärmt von einem Arbeitskollegen und trifft sich – natürlich »ganz harmlos« – mit ihm in der Kneipe. Und siehe da, ihr Mann, dem das Bier und der Fernseher in letzter Zeit viel wichtiger geworden sind als alles, was am Abend sonst noch hätte laufen können, schaltet an diesem Tag den Kasten nach den Nachrichten aus, macht ihr plötzlich Komplimente und will wieder mit ihr schmusen …

In diesem Sinn lässt sich Eifersucht auch nutzen, um »müde Männer – und Frauen – wieder munter zu machen«. Sicher ist dieses »Spiel« mit der Eifersucht nicht ganz ungefährlich. Manchmal aber kann es auch sehr heilsam sein: Weil es die Liebe wieder belebt.

Philemon und Baucis

Wie Paare miteinander alt werden können, ohne dass ihnen die Liebe abhanden kommt

Kann die Liebe im Alter noch lebendig sein? Muss sie sich nicht über die Jahre hin – durch Alltag, Gewohnheit und die kleinen Marotten des anderen – abnutzen? Die antike Mythologie berichtet von Philemon und Baucis, einem sehr alten Paar, das diesem Erosionsprozess der Liebe nicht zum Opfer gefallen ist. An der Art, wie die beiden miteinander umgehen, lässt sich sehr genau ablesen, was es braucht, damit sich die Liebe im Laufe der Jahre nicht verflüchtigt, sondern reifer, tiefer und beglückender wird.

Aus einem italienischen Badeort hat sich mir das folgende Bild eingeprägt: In der lauen Abendluft auf der Terasse eines Ristorante hat am Nebentisch ein Paar um die Siebzig Platz genommen. Sie sind rüstig, kerngesund und braungebrannt und verzehren ein vorzügliches Menu. Aber es fällt kaum ein Wort zwischen ihnen. Mürrisch schauen sie vor sich hin oder aneinander vorbei und gehen sich gegenseitig offensichtlich auf die Nerven. Sie haben einander anscheinend nichts mehr zu sagen. – Ein anderes Erinnerungsbild: Ich fahre in der S-Bahn. Ein etwa ebenso altes Paar steigt ein und setzt sich mir schräg gegenüber. Sie strahlen etwas völlig anderes aus. Wenn der alte Mann etwas zu seiner Frau sagt, schaut sie ihm direkt ins Gesicht. Er erwidert ihren Blick mit einem Lächeln, und sie stimmt seinen Worten immer wieder mit heftigem Kopfnicken zu. Dann schauen sie beide zum Fenster hinaus, machen sich aber immer wieder auf etwas, das ihnen auffällt, aufmerksam, und immer wieder schauen sie sich dabei an, lächeln, stimmen einander eifrig zu. Sie greift nach seiner Hand, er nimmt sie und hält sie, und so sitzen sie eine ganze Weile nebeneinander, zugewandt, liebevoll, ganz und gar lebendig – und dabei sind die beiden schon erheblich gebrechlicher als das alte Paar von der italienischen Adria-Küste.

Zwei ganz und gar unterschiedliche Bilder, zwei Möglichkeiten, miteinander alt zu werden. Das eine Paar verfügt über alles, was es zum Leben braucht. Aber wie viele alte Paare verlieren sie sich in einen Daseinsmodus, der sie leer zurücklässt. Sie fallen zurück auf ein fast frühkindliches »orales« Stadium, kümmern sich nur noch um ihr leibliches Wohl, suchen den Lebensgenuss im passiven Konsum – und gehen sich gegenseitig auf die Nerven. Sie schauen sich nicht mehr in die Augen, der lebendige Dialog zwischen ihnen ist verstummt, und hinter der Stummheit verbergen sich Ressentiments und unverarbeitete Verletzungen. Was für ein Unterschied zu den beiden anderen Alten! Sie zeigen, dass es auch anders geht, dass die Liebe auch im hohen Alter noch lebendig sein kann – und dass es an Äußerem dazu gar nicht viel braucht. Die beiden haben mich daran erinnert, dass es im antiken Mythos ein Modellpaar gibt für diese alte Liebe, die nicht rostet, nämlich Philemon und Baucis, von denen der römische Dichter Ovid in seinen »Metamorphosen« (»Verwandlungen«) erzählt. Sie sollen uns nun in das Thema »Das Paar im Alter« geleiten.

Die Geschichte von Philemon und Baucis

Die Götter Jupiter und Merkur kamen in Menschengestalt nach Phrygien. Sie baten in vielen Häusern um ein Nachtlager, wurden aber überall abgewiesen. Nur in einem kleinen Häuschen bewirtete sie ein altes Ehepaar freundlich und freigebig trotz seiner Armut. »Die fromme alte Baucis und Philemon, alt wie sie, hatten sich in jenem Haus in den Jahren der Jugend liebend verbunden, waren in jenem Haus miteinander alt geworden und hatten sich darin ihre Armut leicht gemacht, indem sie sie frei bekannten und willig ertrugen.« Mit großer Sorgfalt bereiteten sie ein Mahl zu, holten lange bewahrten Vorrat heraus, wärmten ihren Gästen mit lauem Wasser die Füße, breiteten das Festtagslaken über das Lager, baten sie dann zu Tisch und reichten die Speisen in irdenem Geschirr. Zum Nachtisch gab es süße Früchte. Alles wurde so bereitet, dass es eine Freude war, zuzuschauen. Auch die letzte Gans wollten sie noch schlachten, aber das verhinderten die Götter, die sich durch das Wunder, dass der Wein im Krug nicht mehr zu Ende ging, als solche zu erkennen gaben. Jupiter ließ seinen Zorn an der ruchlosen Nachbarschaft aus, die Häuser versanken in einem See. Nur die gastfreundliche Hütte von Philemon und Baucis blieb stehen. Aus ihr wurde ein goldgedeckter und mit Marmor ausgelegter Tempel. Die beiden Alten durften sich etwas wünschen. Sie besprachen sich kurz, und dann sagte Philemon zu den Göttern: »Priester zu sein und euren Tempel zu hüten, das verlangen wir, und da wir in Eintracht unser Leben zugebracht haben, ende es auch für beide zur selben Stunde, damit weder ich das Grab meiner Gattin sehe, noch sie mich unter den Hügel bringen muss.« Und so geschah es. Solange sie lebten, waren sie Hüter des Tempels, und als sie einmal – gebeugt vom hohen Alter – nebeneinander vor den heiligen Stufen standen, sahen sie aneinander, wie plötzlich aus ihnen Laub spross. Sie sagten sich Lebewohl, während schon die Rinde ihre Münder verschloss und sie zu Bäumen geworden waren.[6]

Alte Paare heute

Die Gesellschaft in unserem Land befindet sich in einem dramatischen Alterungsprozess. Im Jahr 2030 wird nach vorsichtigen Schätzungen der Anteil der Erwerbstätigen auf unter 50 Prozent der Bevölkerung sinken, während er heute 60 Prozentpunkte noch etwas übersteigt. Der Anteil der bis Zwanzigjährigen wird unter zwanzig Prozent sinken und der Anteil der über Sechzigjährigen auf über ein Drittel der Gesamtbevölkerung steigen. Deutschland ist also auf dem Weg zu einer »Altenrepublik«. Das macht deutlich, dass der Altersphase im Leben von Paaren eine immer größere Bedeutung zukommt. Diese Phase ist nicht mehr der kurze Abgesang am Ende eines ereignisreichen Lebens. Bedingt durch die höhere Lebenserwartung und durch die im Vergleich zu früher durchschnittlich bedeutend bessere Gesundheit älterer Menschen ist es durchaus nicht ungewöhnlich, dass die Ehepartner heutzutage in guter geistiger und körperlicher Verfassung genau so lang als »altes Paar« verbringen wie sie als »Paar mit Kindern« in der eigentlichen Familienphase zusammengelebt haben. Die Altersphase des Paares kann durchaus ein Drittel und mehr der gesamten gemeinsamen Geschichte ausmachen und stellt deshalb noch einmal eine ganz eigene Phase im Lebenszyklus dar.

Schon allein deshalb kann sich der Sinn des gemeinsamen Lebens nicht mehr nur im Familien-Leben und im Dasein für die Kinder erschöpfen und kann der »Zweck« der Ehe nicht mehr nur der Nachwuchs sein, selbst wenn das Paar mehrere Kinder großgezogen hat. Die Eigenständigkeit der Paarbeziehung und die lebendige Partnerliebe haben auch für das alte Paar dadurch an Wichtigkeit gewonnen. Wo die liebevolle Bezogenheit des Paares aufeinander erstirbt, oder wo sie schon lange – im Familienbetrieb vielleicht unbemerkt – erstorben ist, fehlt auch alten Partnern eine wesentliche Grundlage für ihr Zusammenbleiben. Auch hier steigt die Zahl der Scheidungen, und auch wenn es in der Altersphase nicht mehr so häufig dazu kommt wie bei jüngeren Paaren, ist das Leid und die Einsamkeit bei alten Partnern oft groß. Denn wenn es die Kinder nicht mehr sind, die ihr Leben ausfüllen, nicht mehr der Aufbau der materiellen Existenz und nicht mehr berufliche Aufgaben, fehlt ihrem Zusammenleben Seele und Sinn – und nicht selten beginnen sie dann, dem Paar an der italienischen Adria-Küste zu gleichen, das ich anfangs erwähnt habe: mürrisch, enttäuscht und voller Ressentiments leben sie nebeneinander her.

Wie schaffen es alte Paare, so miteinander zu bleiben wie das Paar, das ich in der S-Bahn getroffen habe? Die Ehen früherer Generationen wurden – mindestens in bedeutendem Ausmaß – durch alles mögliche andere als die personale wechselseitige Liebe der Partner zusammengehalten. In den Märchen, Mythen und in der Literatur finden wird sehr häufig nur die Anfangssituation, die Phase der Verliebtheit zwischen jungen Menschen dargestellt. Für eine lebendige

Liebe über die Jahre hin, für die Liebe in Dauerbeziehungen haben wir nur wenige Modelle und Leitbilder. Philemon und Baucis sind da eine Ausnahme. Wir erfahren zwar von ihnen auch nicht sehr viel, aber was wir erfahren, scheint mir so gewichtig zu sein, dass es sich lohnt, ihre Geschichte genauer zu betrachten.

Ovid schreibt: Sie haben sich »in den Jahren der Jugend liebend verbunden« und sind »miteinander alt geworden«. Sie sagen von sich, dass sie ihr Leben »in Eintracht zugebracht« haben, und von Zeus und Hermes wünschen sie sich deshalb, dass sie beide auch »zur selben Stunde« ihr Leben beenden dürfen. Schon während sie sich am Schluss in zwei Bäume verwandelten, »wechselten sie noch Worte miteinander, solange es möglich war«, und ihre letzten Worte sind – zugleich gesprochen: »Lebe wohl, mein Alles!« Eine zarte Innigkeit berührt uns aus diesen wenigen Worten, eine ergreifende, tiefe Liebe. Wie haben sie es nur geschafft, so miteinander alt zu werden?

An äußerem Wohlstand lag es sicher nicht. Philemon und Baucis werden als sehr arm geschildert. Ihr Haus ist eine strohbedeckte Hütte und unterscheidet sich durch seine Ärmlichkeit krass von den ungastlichen Häusern der Ortschaft, an deren Türen die beiden Götter vergebens angeklopft haben. Möglicherweise mystifiziert hier Ovid die Armut auch ein wenig – wie es die Dichter früherer Zeiten häufig taten. Wenn man wie wir heute durch die Medien fast jeden Tag das Elend der Armut hautnah mitbekommt, wird man das etwas skeptisch sehen. Allerdings enthält diese Schilderung trotzdem den nach wie vor gültigen Hinweis, dass der quantitativ hohe Wohlstand noch lange nicht hohe Lebensqualität und schon gar nicht Beziehungsqualität nach sich zieht. Es kommt auf anderes an, das ist die Botschaft, die aus der Erzählung spricht. Was ist das, worauf es ankommt? Aus der Erzählung werden verschiedene Faktoren deutlich, die ich im folgenden hervorheben möchte.

Offenheit nach außen

Als erstes fällt auf: Philemon und Baucis schließen sich nicht nach außen ab. Sie lassen »die Welt« in Gestalt der beiden Fremden, die von weit her kommen, zu sich in ihre kleine Hütte. Sie bleiben nicht bloße Zuschauer in ihren engen vier Wänden, wie heutzutage viele alte Menschen, die nicht mehr vom Fernseher wegkommen. Sie nehmen leibhaftigen Kontakt auf. Damit weitet sich schon hier, noch lange bevor es zur Verwandlung ihrer Hütte in den Tempel kommt, ihr Horizont beträchtlich über ihr kleines, unscheinbares Leben hinaus.

Alte Paare haben oft die Tendenz, sich abzuschließen und nur noch Zuschauer des Geschehens um sie herum zu sein. Philemon und Baucis machen es anders. Vielleicht sind sie auch ein wenig neugierig. Sie wollen noch etwas erleben. Das ist sicher auch eine ihrer Motivationen, die beiden interessanten Fremden aufzunehmen. Diese Neugier ist ein Zeichen von Lebendigkeit. Sie bringt sie mit dem Geschehen außerhalb von ihnen in Kontakt. Der Verlauf der Geschichte zeigt, wie viel Intensität, Spannung und Reichtum damit in ihr Leben hineinkommt. Die beiden Fremden eröffnen ihnen eine neue Welt!

Sich öffnen, sich immer wieder einlassen auf andere Menschen, das könnte die gemeinsame Einsamkeit vieler alter Paare überwinden und damit auch ihrer Beziehung neuen Reichtum verleihen. Warum tun sie das oft nicht, auch wenn sie es von ihrem körperlichen und geistigen Zustand her durchaus noch könnten?

Selbstbewusstsein und Achtung voreinander

»Für wen sind denn wir noch interessant!?« Das ist eine Aussage, die man von alten Paaren häufig hört oder wenigstens spürt. Daraus spricht eine gute Portion Selbstabwertung. Wenn man sich selber abwertet, beginnt man sich abzuschließen – und beginnt sich gegenseitig auf die Nerven zu gehen. Woher kommt diese speziell bei alten Menschen beobachtbare Abwertung ihrer selbst? Unter anderem ist sie sicher ein Reflex auf die gesellschaftliche Minderbewertung des Alters, die wohl ein Charakteristikum unserer heutigen Gesellschaft ist. Wenn in manchen Betrieben heute 35-Jährige schon zum alten Eisen zählen, das man am liebsten durch »Outsorcen« loswerden oder gar gleich in Rente schicken möchte, dann scheint mir das ein Symptom dafür zu sein. Die Auswirkungen, die diese Einstellung auf das Selbstwertgefühl älterer Menschen hat, sind nicht zu unterschätzen. An Philemon und Baucis kann man sehen, dass es auch ganz anders geht. Sie stellen sich die Frage nicht, ob sie interessant sind für ihre Gäste. In der selbstverständlichen Art, wie sie diese aufnehmen, bewirten und unterhalten, spricht ein natürliches, starkes und unhinterfragtes Selbstbewusstsein.

Zweifellos haben es die beiden zu ihrer Zeit leichter gehabt, ein solches Selbstbewusstsein zu entwickeln und zu behalten. Die alte Welt schätzte das Alter aufgrund seiner Erfahrung, die für die konkrete Lebensbewältigung von der nächsten Generation benötigt wurde. Heute, in der Zeit der elektronischen Medien, die in einem immer schnelleren Tempo weiterentwickelt werden, kommen die Alten nicht mehr mit. Der Enkel muss heute dem Opa zeigen, wie er mit dem PC zurechtkommt, wenn der sich überhaupt an diesen Apparat herantraut. Für diese Form der Lebensbewältigung sind ältere Menschen immer mehr »out«. Freilich wird dabei Lebensbewältigung in einem ganz einseitig-technischen Sinn verstanden. Umfassender, ganzheitlicher genommen – hätten wir da die Lebenserfahrung der alten Menschen nicht genauso nötig wie früher? Bräuchten wir nicht dringend Menschen, die schon etwas Abstand vom Tagesgeschehen haben und die über ein kostbares Gut verfügen, das uns heute mehr und mehr fehlt, nämlich über Zeit? Menschen, die Zeit haben, den anderen, die noch – wie Jupiter und Merkur in der Geschichte – mit dem »Regieren der Welt« beschäftigt sind, zuzuhören, mit ihnen mitzufühlen, sie verständnisvoll aufzunehmen? Diese Qualität bräuchten viele Gestresste heute dringend, und alte Menschen sollten sich bewusst sein, dass sie das anzubieten hätten: Zeit, Raum, Gastfreundschaft, Menschlichkeit, Verstehen und Solidarität …

Ein solches Selbstbewusstsein, das aus dem Bewusstsein des eigenen Wertes auch im Alter aufrechterhalten wird, hat dann auch Auswirkungen auf die Qualität der Beziehung zueinander: Wenn man sich stark und gut fühlt, wertet man auch den Partner, die Partnerin nicht ab. Wenn man sich selber achtet, begegnet man auch einander mit Achtung und Respekt. Den haben Philemon und Baucis offensichtlich voreinander bewahrt. Während der ganzen Geschichte fällt kein einziges abfälliges Wort übereinander, etwas, das häufig passiert, wenn man einander nicht schätzt. Dritten gegenüber lässt man sich über den Partner aus – immer zum Schaden der Liebe. Demgegenüber ist Hochachtung, die man sich über die Jahre hin in der Dauerbeziehung voreinander bewahrt hat, ein zentrales Element einer lebendigen Liebe.

Ein gutes Team

Bei ihrem Umgang mit den beiden Fremden lässt sich etwas beobachten, was für die Liebe bis ins Alter hinein ebenfalls nicht zu unterschätzen ist:

Philemon und Baucis erweisen sich als ein ausgezeichnet funktionierendes Team. Das scheint zu funktionieren, ohne dass sie es eigens absprechen müssen. Philemon stellt die Bank hin, Baucis legt die Decke drauf. Sie entfacht das Feuer, er holt Gemüse aus dem Garten und angelt den Speck vom Balken – und so geht es weiter, die ganze Erzählung hindurch. Eins greift ins andere, bis am Ende ein Mahl auf dem Tisch steht, bei dessen Schilderung einem noch heute das Wasser im Munde zusammenläuft.

Paare strapazieren oft ihre Liebe damit, dass sie nicht gut kooperieren. Mangelnde Absprachen, mangelnde Abstimmung aufeinander, kein Ineinandergreifen der jeweiligen Aktivitäten – und schon gibt es tausend Gelegenheiten, sich über den anderen zu ärgern – und das zehrt auf die Dauer natürlich an der Liebe. Gute Kooperation dagegen schafft gemeinsame Erfolgserlebnisse, und gemeinsame Erfolgserlebnisse schaffen das Gefühl: Miteinander bringen wir etwas zustande, oder sogar: Miteinander sind wir unschlagbar! Unter anderem dadurch wird man immer wieder füreinander attraktiv. Man hat Spaß mit dem andern, die gute Meinung, die man vom andern hat, wird genährt. Man fühlt sich vom anderen unterstützt, man kann sich auf den anderen verlassen. Nicht zuletzt das lässt zwischen den beiden Alten diese Atmosphäre des Wohlwollens entstehen, die so eindrücklich aus dieser Geschichte spricht.

Ein gemeinsames Anliegen

Die selbstbewusste Öffnung unseres alten Paares nach außen und seine gute Zusammenarbeit enthalten noch zwei weitere Dimensionen, die mir für die Liebe von Philemon und Baucis charakteristisch zu sein scheinen. Die erste ist die gemeinsame Hinwendung auf ein Drittes. Die beiden Alten öffnen sich den Fremden nicht nur neugierig und interessiert, nein, sie werden darüber hinaus zum Ziel ihres gemeinsamen Engagements. Philemon und Baucis haben von dem Moment an, da sie die beiden aufnehmen, ein gemeinsames Ziel, eine gemeinsame Aufgabe, ein gemeinsames Anliegen. Man spürt in der Schilderung Ovids, wie lebendig die beiden das macht. Sie werden gesprächig, sie werden aktiv, holen das gute Geschirr und das beste Tischzeug heraus, ernten im Garten, was er hergibt, und zaubern miteinander ein wunderbares Mahl auf den Tisch.

Es wird uns nichts darüber erzählt, ob die beiden Kinder haben. Aber häufig ist das ein Problem alter Paare: Solange sie Kinder zu versorgen und zu begleiten hatten, hatten sie eine gemeinsame Aufgabe. Diese gemeinsame Aufgabe war wichtig auch für die gegenseitige Liebe. Sie bewirkte Zusammenhalt, und oft nicht nur das. Wenn beide ihre Freude am gemeinsamen Eltern-Sein hatten, wenn einer den anderen schätzen konnte in der Art und Weise, wie er oder sie Vater oder Mutter war, war das für beide auch ein wichtiger Grund, sich als Mann und Frau hochzuschätzen. Das scheint ein Grundgesetz der Partnerliebe zu sein: Nach der Phase der ersten Verliebtheit, in der jeder nur den anderen sieht und von ihm fasziniert ist, braucht es die Wendung in die gemeinsame Blickrichtung. Man braucht gemeinsame Perspektiven, damit die Liebe auf die Dauer lebendig bleibt. Aber nun – beim alten Paar – sind die Kinder schon lange fort. Ihr Leben hat fast nichts mehr mit dem Leben des Paares zu tun. Noch immer ausschließlich auf die Kinder ausgerichtet zu leben, bekommt jetzt etwas Unwirkliches, Illusionäres, führt weg aus dem Hier und Jetzt, aus ihrem Hier und Jetzt als altes Paar. Aber etwas anderes »Drittes« ist jetzt oft nicht da, und so taucht die Gefahr auf, in Passivität und täglicher Routine zu versinken. Darum brauchen alte Pare jetzt oft neue Ziele, neue gemeinsame Anliegen, die ihre Liebe von Neuem inspirieren.

Die Gefahr dabei ist für viele alte Paare, dass sie, wenn es überhaupt ein »Drittes« in ihrem Leben gibt, dieses gemeinsame Dritte »zu niedrig ansetzen«, zum Beispiel in bloßem gemeinsamen Konsum, in gemeinsamem Essen, Fernsehen, ausschließlicher und vielleicht allzu ängstlicher Gesundheitsvorsorge und so weiter. Was das Leben erfüllt, was die Liebe lebendig macht und erhält, muss aber etwas sein, das in sich einen Wert besitzt. Es muss etwas sein, das inspiriert und fasziniert. Dann erfüllt es uns mit Sinn, dann regt es uns an – dann macht es uns auch wieder wechselseitig attraktiv. Alte Menschen, die von gemeinsamen Anliegen und Aufgaben erfüllt und fasziniert sind, stehen weniger in der Gefahr, sich gegenseitig auf die Nerven zu gehen oder hypochondrisch ihre Wehwehchen zu pflegen.

Viele Analytiker der heutigen Gesellschaft sind der Meinung, dass wir aufgrund heutiger wirtschaftlicher und gesellschaftlicher Entwicklungen ohne eine Neubelebung des Ehrenamtes in Zukunft nicht mehr auskommen werden. Wenn man, wie dies heute unausweichlich scheint, mehr und mehr der Eigeninitiative überlässt, bedeutet das unter anderem auch, dass die öffentliche Hand sich immer stärker aus der Sorge um die Gemeinschaftsaufgaben zurückzieht, schon allein deshalb, weil dafür – unter anderem aufgrund der zurückgehenden Steuern – das Geld nicht mehr reicht. Andererseits wird die Zahl der Menschen, die aus dem aktiven Erwerbsleben ausscheiden, immer größer, während ihre Gesundheit durch die Fortschritte der Medizin und infolge gesünderer Lebensweise viel länger stabil bleibt. Philemon und Baucis könnten darum für viele älter werdende Paare in diesem Punkt ein Modell sein: Zwei, die sich gemeinsam um Dritte kümmern. Zwei, die Hungrige sättigen und Erschöpfte aufpäppeln, zwei, die sich der Abgewiesenen annehmen und sie mit Fürsorge umgeben, zwei, die gesprächsbereit sind, damit die Frustrierten ihren Kummer loswerden können. Vielleicht auch zwei, die sich als Ratgeber für die zur Verfügung stellen, die noch mit der vollen Verantwortung für die Welt belastet sind, wie in der Geschichte die beiden Götter, die sich hier erschöpft bei den beiden Alten niederlassen.

Damit meine ich natürlich nicht, dass sich alte Paare für andere aufreiben oder gar von anderen ausbeuten lassen sollten. Außerdem sind durchaus Modelle denkbar, dass solches Engagement auch eine wenigstens indirekte materielle Anerkennung erfahren könnte. Aber meist liegen hier gar nicht die Barrieren. Es fehlt älteren Paaren oft an Ideen, an Mut und an innerem Elan, sich neu auf den Weg zu machen. Aber wenn sie es schaffen, erleben sie häufig eine Art Neubelebung, und oft fühlen sie sich belohnt, auch wenn sie äußerlich wenig oder nichts dafür bekommen. Denn die wichtigste Belohnung liegt im Tun selbst: nämlich in der darin gemachten Erfahrung, dass das gemeinsame Tun unserem gemeinsamen Sein wieder Sinn und Lebendigkeit verleiht.

In der Geschichte ist dies sehr sinnenfällig ausgedrückt: Philemon und Baucis schenken großzügig ihren Wein an ihre Gäste aus. Plötzlich merken sie, dass der Krug nicht leer wird. Der Wein, den sie geben, wird nicht weniger, sondern mehr. Diese »wunderbare Wein-Vermehrung« symbolisiert eindrücklich die Erfahrung: Wenn ich großzügig gebe, bekomme ich großzügig zurück. Das gilt nicht nur vom sozialen Engagement. Alles, was in sich wertvoll ist, beschenkt mich, wenn ich mich dafür gebe. Das kann auch ein gemeinsames künstlerisches, religiöses oder politisches Engagement und ähnliches mehr sein. Der Wein wird mehr, wenn ich ihn großzügig ausschenke. Die Frage ist freilich: Bringen die alten Paare die Energie dafür auf? Schaffen sie es, aus den eingefahrenen Bahnen auszusteigen? Philemon und Baucis sind dafür ein eindrückliches Beispiel.

Die göttliche Dimension

Noch in einem tieferen Sinn spielt das gemeinsame Dritte in der Beziehung von Philemon und Baucis eine bedeutsame Rolle: Im Leben dieser beiden wird darin eine transzendente Dimension präsent. Außer dass die Geschichte mit der Vermehrung des Weines an die biblische Geschichte von der Hochzeit zu Kana im Johannes-Evangelium (Joh 2,1–12) erinnert, gibt es für mich noch einen weiteren überraschenden Anklang an einen neutestamentlichen Text: Im Lukas-Evangelium (Lk 24,13–35) bewirten die Jünger von Emmaus einen »Fremden«, und während des Mahles erkennen sie in ihm den Auferstandenen. So bewirten Philemon und Baucis zwei Fremde – und durch das Wein-Wunder geben sich die beiden als Götter zu erkennen.

Vielleicht kommt hier wie in der biblischen Erzählung von den Emmaus-Jüngern eine typische religiöse Erfahrung, die nicht an konfessionelle Schranken gebunden ist, zum Ausdruck. Das alte Paar lässt sich ganz und gar auf das ein, was sie aus dem Hier und Jetzt anspricht. Dem öffnen sie sich in Liebe. Ohne sich darum zu kümmern, wie die anderen Bewohner des Dorfes damit umgehen oder umgegangen sind, ohne zu rechnen und abzuwägen, tun sie, was jetzt »dran ist«: Sie geben, und in der Art, wie sie es tun, wird deutlich: Sie geben nicht nur *etwas*, sie geben darin sich selbst. Dabei und darin werden die beiden Fremden als »Götter« erfahrbar: Im Augenblick ganz »da« zu sein, wem das gelingt, dem erschließt sich nach der Erfahrung aller spirituellen Schulen die göttliche Dimension unserer Wirklichkeit: »Der Augenblick ist mein, und nehm ich den in Acht, so ist der mein, der Zeit und Ewigkeit gemacht«, dichtete Andreas Gryphius. Dies ist wohl die gemeinsame Erfahrung, die von den Emmaus-Jüngern wie von Philemon und Baucis geschildert wird. Darin wird deutlich, dass Religion etwas anderes ist als ein »Überbau«, in den man sich mit Askese und Verleugnung des Verstandes erst »hineinarbeiten« muss. Das Religiöse begegnet uns im Leben selbst, wenn man bereit ist, sich ihm ganz zu öffnen, und daraus erwächst dem alten Paar der Halt, den es braucht, um sich dem nahenden Tod öffnen zu können.

Philemon und Baucis sind von dieser Erfahrung so tief ergriffen, dass sie die Götter bitten, sie zu Priestern ihres Tempels, in den ihre Hütte verwandelt wird, zu machen. Sie können sich von diesem Moment an ein Leben ohne den bewusst mit einbezogenen Horizont des Göttlichen nicht mehr vorstellen. Sie wollen beide Priester werden, die an dem heiligen Ort, zu dem ihre Hütte geworden ist, anderen Menschen dienen, damit sie ebenfalls mit dieser umfassenden Dimension des Lebens in Kontakt kommen.

Es ist also nicht bloß eine spirituelle Innerlichkeit, in die sie sich von nun an zurückziehen wollen. Sie sehen darin eine neue Aufgabe in ihrem Leben für die Menschen. Was sie erfahren haben, machen sie zu ihrem Anliegen für andere: Sie werden Priester im Tempel der Götter. Heutige Menschen werden immer weniger von den vorgegebenen Formen kirchlicher Rituale und kirchlichen Gemeindelebens angesprochen, es sei denn, sie spüren darin lebendige spirituelle Erfahrung. Es braucht – in und außerhalb der verfassten Kirchen – vor allem Menschen, die lebendige spirituelle Erfahrung vermitteln und zu solcher Erfahrung führen können. Auch das könnte eine Aufgabe alter Paare sein, die selber auf der Suche nach dem Sinn und in der Auseinandersetzung mit ihrer Endlichkeit die Dimension des Göttlichen erahnt haben: dass sie diese Erfahrungen weitergeben und so »Hüter des Tempels« werden, wie es von Philemon und Baucis berichtet wird.

Vielleicht liegt für uns heute auch darin noch ein wichtiger Hinweis in der Geschichte: Es ist ein Paar, das hier priesterliche Funktion übernimmt, die Aufgabe spiritueller Führung und Begleitung. Das Religiöse erscheint nicht mehr im ausgegrenzten »übernatürlichen« Raum des Sakralen, für den ein ebenfalls ausgegrenzter, womöglich zölibatärer Priester zuständig ist. Nein, hier wird die spirituelle Aufgabe von einem »ganz gewöhnlichen« Ehepaar übernommen, das in Liebe miteinander verbunden ist. Damit scheint die Spaltung »natürlich – übernatürlich«, »göttlich – menschlich«, »sakral – profan« aufgehoben zu sein. Die erotische Liebe des Paares hat sich zur Nächsten-Liebe und zur spirituellen Liebe geweitet und damit ihre letzte und tiefste Reife erreicht. Diese Erfahrung geben die beiden nun weiter – ähnlich den Bodhisattwas, den Erleuchteten des Buddhismus, die ihre Erleuchtung nicht für sich behalten, sondern damit »auf den Marktplatz« gehen, um anderen Menschen zu dienen und sie auf ihrem Weg zu begleiten.

Sich die eigene Geschichte erzählen

Noch ein Letztes scheint mir erwähnenswert. Die Erzählung berichtet, wie Philemon und Baucis kurz vor ihrem gemeinsamen Tod »gebeugt von der Last ihrer Jahre« vor den heiligen Stufen stehen und »von dem wechselvollen Schicksal des Ortes« miteinander sprechen. Es ist ein berührendes Bild, wie sie da – im Angesicht des Todes – an der gemeinsamen Stätte ihres Wirkens stehen und Rückschau halten auf das, was sich hier ereignet und was sie miteinander erlebt haben. Sie betrachten mit Wohlgefallen ihr gemeinsames Werk und spüren dabei das zutiefst Sinnvolle ihrer langjährigen Beziehung. Das erfüllt sie so, dass sie als letztes Wort ihres gemeinsamen Lebens zueinander sagen können: »Leb wohl, mein Alles!« Kurz vor ihrem Tod sprechen zwei Alte hier zueinander wie zwei frisch Verliebte, aber es ist nicht die erste flüchtige Leidenschaft der Verliebtheit, die sich hier äußert, sondern die Erfahrung langer Jahre und Jahrzehnte gemeinsamen Lebens und der große darin erfahrene Reichtum.

Je älter Paare werden, desto mehr und desto eingehender sollten sie Rückschau halten auf ihre gemeinsame Geschichte. Es gibt dafür einen einfachen Grund: In den »wechselvollen Schicksalen«, von denen die Geschichte spricht, ist der ganze Reichtum gelebten Lebens enthalten. Es gibt darin so vieles, was wir zustande gebracht, geschaffen, was wir erlebt haben und was uns geschenkt wurde. Wenn wir darüber sprechen, tauchen diese Dinge wieder aus der Vergangenheit auf, werden in der Gegenwart wieder lebendig und werden als Schatz erfahrbar, den wir im Laufe der Zeit angesammelt haben. Einander davon zu erzählen bedeutet, die Truhe zu öffnen und uns gegenseitig mit den Kostbarkeiten, die sich darin finden, zu schmücken. So wird Vergangenheit wieder Gegenwart und macht uns bewusst, was wir aneinander haben.[7]

Warum vermeiden dann aber so viele alte Paare, darüber miteinander zu sprechen und sich nochmals daran zu freuen? Weil eben in den »wechselvollen Schicksalen« auch noch anderes enthalten ist. Da war nicht alles gut, da gibt es auch dunkle Zeiten und wahrscheinlich auch schlimme Ereignisse. Darum vermeiden viele alte Paare die Rückschau. Nur erreichen sie damit nicht, was sie beabsichtigen. Denn was wir vermeiden, ist nicht verschwunden. Unbemerkt und »unter der Decke« wirkt es weiter und vergiftet, wenn man dazu kein versöhntes Verhältnis gefunden hat, die Liebe, wie das so häufig bei alten Paaren der Fall ist, die sich nichts mehr zu sagen haben und mürrisch nebeneinander her leben.

Wir haben nicht die Kraft, Vergangenes ungeschehen zu machen. Aber wir haben die Fähigkeit, es zu verwandeln und daraus eine Quelle der Liebe zu machen, auch wenn diese Vergangenheit schlimm war. Freilich ist das nur dann der Fall, wenn wir uns ihr stellen und uns mit ihr auseinandersetzen. Dazu müssen wir uns unsere

Ehegeschichte, so wie jeder sie sieht, so wie sie in jedem ihre Spuren hinterlassen hat, gegenseitig erzählen, und wir müssen einander dabei aufmerksam zuhören, nachfragen, Stellung dazu beziehen.

Es kann sein, dass das allein miteinander nicht so gut gelingt, dass wir uns dabei verheddern, dass nur wieder die alten Enttäuschungen und Kränkungen aufleben. Genau darum wird das wechselseitige Erzählen der Vergangenheit von vielen ja vermieden. Hier scheint es mir im höchsten Maße sinnvoll zu sein, dass auch alte Paare therapeutische Hilfe in Anspruch nehmen. Es braucht oft die Hilfe eines Begleiters, damit ein neuer Blick auf und »hinter« das Vergangene möglich wird. Wenn das gelingt, beginnen wir, die Dinge in neuem Licht zu sehen, beginnen zu verstehen und zu verzeihen. Dann wird auch die belastete gemeinsame Vergangenheit zu dem kostbaren Schatz, der unsere Liebe nährt – genauso wie es unsere Geschichte schildert: Der gemeinsame Rückblick auf ihre wechselvolle Geschichte ermöglicht den beiden, wie in neu belebter Verliebtheit einander zu sagen: »Du mein Alles!«

Philemon und Baucis, vor den Stufen des Tempels stehend, zurückschauend auf ihr wechselvolles Schicksal und auf all das, was sie miteinander geschafft und gewirkt haben, und sich voneinander mit dieser letzten Liebeserklärung verabschiedend: Es ist ein ergreifendes, ein friedvolles und hoffnungsvolles Bild, ein Bild, zutiefst erfüllt von Sinn. Alte Liebe kann zu ihrer letzten Reife und Tiefe gelangen!

Anmerkungen

1 Dieter Mehl, Essay zu W. Shakespeare, Othello. Zweisprachige Ausgabe. Deutsch von F. Günther, dtv, München 1995, S. 297.
2 Vgl. dazu William Shakespeare: Othello. Zweisprachige Ausgabe. Deutsch von Frank Günther. Deutscher Taschenbuch Verlag, München, 2.Aufl. 1999.
3 H. v. Hofmannsthal, Der Rosenkavalier. Komödie für Musik in 3 Aufzügen, hier zitiert nach Verena Kast: Paare. Beziehungsfantasien oder Wie Götter sich in Menschen spiegeln. Kreuz Verlag, Stuttgart 1984, S.77 f.
4 W. Shakespeare, Othello, 3. Akt, 3. Szene.
5 W. Shakespeare, Othello, 3. Akt, 4. Szene.
6 Nach Ovid: Metamorphosen. Das Buch der Mythen und Verwandlungen. Nach der ersten deutschen Prosaübersetzung durch August Rode neu übersetzt von Gerhard Fink, Artemis Verlag, Zürich/München 1989, S. 202–205.
7 Vgl. dazu Rosemarie Welter-Enderlin, Wie aus Familiengeschichten Zukunft entsteht. Neue Wege systemischer Therapie und Beratung, Verlag Herder, Freiburg, Basel, Wien, 1999.

Der besondere Dank des Autors gilt Frau Bettina Otto-Hallmann, die mit großem Geschick die Märchen und Mythen, um die es geht, kurz und prägnant zusammengefasst und nacherzählt hat.

Bibliografische Information der Deutschen Bibliothek
Die Deutsche Bibliothek verzeichnet diese Publikation in der Deutschen Nationalbibliografie; detaillierte bibliografische Daten sind im Internet über http://dnb.ddb.de abrufbar.

Postfach 80 06 69, 70506 Stuttgart

www.kreuzverlag.de

Umschlaggestaltung: [rincón]² medien GmbH
Umschlagbild: © plainpicture / Millennium
Satz: de·te·pe, Aalen
Druck: CPI – Clausen & Bosse, Leck

ISBN 978-3-7831-3170-3